财富管理全球经验

[澳大利亚] 夏文庆 ◎ 主编

机械工业出版社
CHINA MACHINE PRESS

在财富管理领域,理财师职业化发展是未来必然趋势。现阶段,中国财富管理行业还存在诸多问题,投资者急需具备专业服务水平的职业理财师提供真正有价值的服务。而随着金融科技的发展,理财师职业发展也面临着越来越多的挑战。因此,研究一套适合中国国情的理财师职业规范和专业化服务模式,借鉴不同国家和地区的发展经验,加强社会公众对理财师价值的认同,帮助理财师明确职业化发展道路,将有助于推动中国财富管理行业健康发展。

本书从中国实际出发,通过对部分发达国家和地区财富管理行业发展历程、现状的全面研究,分析促进财富管理行业发展的必要环境和决定性因素,以此帮助中国理财师群体探索出一条适合自身发展的路径,是行业从业人员及对该行业感兴趣的读者不可多得的从业指导手册。

北京市版权局著作权合同登记　图字：01-2020-1309 号。

图书在版编目（CIP）数据

财富管理全球经验/（澳）夏文庆主编 . —北京：机械工业出版社，2021.9
ISBN 978-7-111-68950-8

Ⅰ.①财… Ⅱ.①夏… Ⅲ.①投资管理–研究 Ⅳ.①F830.593

中国版本图书馆 CIP 数据核字（2021）第 165468 号

机械工业出版社（北京市西城区百万庄大街22号　邮政编码100037）
策划编辑：王　涛　陈小慧　　责任编辑：王　涛　陈小慧　陈　倩
责任校对：赵晓晨　　　　　　责任印制：谢朝喜
封面设计：高鹏博
北京宝昌彩色印刷有限公司印刷
2021 年 9 月第 1 版 · 第 1 次印刷
170mm×230mm · 14.25 印张 · 175 千字
标准书号：ISBN 978-7-111-68950-8
定价：69.00 元

电话服务　　　　　　　　　　网络服务
客服电话：010-88361066　　　机　工　官　网：www.cmpbook.com
　　　　　010-88379833　　　机　工　官　博：weibo.com/cmp1952
　　　　　010-68326294　　　金　　书　　网：www.golden-book.com
封底无防伪标均为盗版　　　　机工教育服务网：www.cmpedu.com

《财富管理全球经验》
编辑委员会

主编

[澳大利亚] 夏文庆

参编

刘技学　王伟强　林莹琬　张智怡

[美国] 毕倩雯　　[瑞士] 费利克斯·霍拉赫

前言

《财富管理全球经验》是中国理财师职业化发展联合论坛(以下简称"中理职联")继《中国理财师职业生态·2018》后的又一力作。

中理职联是由中国当前第一线的理财师自发形成的一个专业论坛。该论坛希望集全行业之力,自下而上地研究讨论理财师行为规范和专业化标准的理财服务模式;借鉴不同国家、地区的发展模式,集行业领先从业者之经验和思维方式;结合监管环境的变化,以行业自律推动中国金融消费者权益的保护,加强社会公众对理财师职业价值的认同;提升理财师职业认知度和荣誉感,帮助理财师明确专业化发展的方向和专业能力的提升。

本着上述宗旨,中理职联于2017年开展了对全行业理财师和理财人群的问卷调查活动。2018年在机械工业出版社出版了《中国理财师职业生态·2018》一书,分别就"当前理财师基本情况概览""当前中国理财人群的基本特征""理财师对自身职业的主观认知和客观环境的差异性比较""理财师职业生涯发展展望""行业发展展望和期待"5个方面展开分析和陈述。《中国理财师职业生态·2018》通过对全国性的理财师职业生态样本进行交叉比较,梳理了不同年资、不同服务机构、不同地域的理财从业人员对行业现状和发展趋势的感知,为成功理财师群体"画像",进一步展现了中国财富管理行业的现状。该书出版后,获得了行业内外的高度评价,被称为"当代中国财富管理行业的《清明上河图》"。

对当前中国国内理财师职业化生态的调研,使我们发现行业潜在的诸多问题。例如,绝大多数财富管理机构及理财师还是以"卖产品、拿佣金"的商业模式展业；个别板块的理财师士气相对低落，理财师的工作方式有待改进，客户黏性尚待进一步增强。同时，希望能为客户提供综合财富管理服务的理财师对进一步加强和完善行业监管措施提出了自己的期待。

2018年，在外有资本市场系统性风险、内有资管新规所带来的短期阵痛中，不少财富管理机构和个体理财师都面临困难，相当一部分理财师对行业发展方向和自身职业生涯发展前景产生了困惑和焦虑。

正是在这样的大背景下，中理职联行业发展研究小组展开了"境外财富管理行业发展"调研工作，并对主要研究成果进行梳理，最终形成本书。我们希望，通过对部分发达国家和地区财富管理行业发展历程的研究，了解促进行业发展的必要元素、外部环境、经验及教训，以此帮助中国理财师群体发现行业发展路径的线索，重新点燃对行业发展的希望，并为此做好充分的准备。

在本次调研工作中，我们认为有几个比较重要的发现值得深思。例如，对比行业发展的历程，中国财富管理行业当前所处的发展阶段；在行业发展过程中，行业先进力量迸发出的巨大力量；政府监管对财富管理行业发展的引领作用，以及行业组织在人才培养、职业标准方面的作用。

在本次调研中，"理财规划行业"（Financial Planning Industry）是一个出现频率非常高的关键词。在理财规划行业出现之前，客户普遍从银行职员、投资顾问、保险从业人员和税务会计师等传统财务顾问处获得咨询服务和建议，而传统财务顾问在产品销售和服务营销过程中获得了巨大的利益，成为既得利益者，并出于自身的发展需求和利益忽视了客户体验和权益等。这与中国财富管理行业当前的特点相似。由此可以判断，中国财富管理行业正处于早期发展阶段。

正如我们在《中国理财师职业生态·2018》一书中所谈到的一些行业

现象，当前中国财富管理行业主要还是作为金融产品的销售渠道而存在的，而绝大多数市场参与者也以"卖产品、拿佣金"作为主要的商业模式。而在此过程中，金融机构更为看重的可能不是客户的需求和权益，而是自身发展的需求和利益。在以产品销售为导向的业务模式中，不仅客户的权益无法得到充分保障，理财从业人员也被视为产品销售人员。在越来越大的业绩指标压力面前，理财从业人员往往"动作变形"，将工作重心放在产品销售环节，而不是放在为客户提供综合财富管理服务环节，最终导致专业能力的不足和专业价值的缺失。

以上这种情况在发达国家和地区的财富管理行业发展过程中也都曾出现。在这样的环境中，无论是客户，还是从业人员，都对市场机制感到失望，从业人员更是对行业发展充满了疑惑和焦虑。但在这种困境中挺身而出、发出变革呐喊的，恰恰是来自行业一线的从业人员。本调研报告的美国篇介绍了业内被认为促成了美国（乃至全球）现代财富管理行业诞生的"芝加哥十三人会议"，以及由这场会议引发的一场行业革命。

"芝加哥十三人会议"不仅提出了"金融服务专业化"的行业发展命题，还成立了向符合专业和道德规范资质的理财顾问提供认证的行业协会，并建立了一个提供该认证的教育机构——国际金融咨询学院，该机构是目前全球最重要的理财规划师认证之一的国际金融理财师（Certified Financial Planner®，CFP®）的前身。

随着理财师专业化标准的制定以及CFP认证制度在全球范围内的快速推广，综合理财规划服务的概念异军突起，各国的传统财务顾问也逐步转型，从为客户提供单个领域产品或服务延伸到综合型的理财规划服务，形成了各国的理财规划行业。

这一行业发展过程中的巨大变化起始于扎根一线的行业先进力量，这说明任何一个从业者都不应该妄自菲薄。在寻求行业发展方向的道路上，其实从来都不是一个人在踽踽独行，把每一个不愿随波逐流、有独立思考能力的人和每一份对行业发展的情怀汇聚起来，就会迸发出巨大的力量。今时今日，中国财富管理行业正需要这样的行业先进力量！

在本次调研中，我们既看到了行业组织（包括专业认证机构）在行业发展过程中的积极作用，也看到了当行业组织成为既得利益者的时候有可能把自身的利益放在行业发展需求之前的现象。本书澳大利亚篇提到了澳大利亚最大的理财师自律组织——澳大利亚理财规划协会（FPA）在行业出现大量负面事件情况下的反应，以及和澳大利亚两个主要财务会计师机构因理财师认证标准方面的异见而各据山头的情况，最后由立法机构和政府出面。一方面，通过立法进一步加强了对金融服务体系的监管；另一方面，成立了澳大利亚财务顾问标准和道德操守管理局，统一负责制定理财师教育和培训标准，并监督道德操守准则执行情况。

鉴于中国目前分业经营、分业监管的金融监管模式，以及行业自律组织和民间组织的管理模式，虽然已经存在几家在业内有一定影响力的理财规划师认证机构，但并不存在财富管理的行业组织。随着财富管理行业的进一步发展，理财师认证机构的增量发展是必然趋势。由此我们认为，由政府成立专门机构统一制定理财师教育和培训标准，并监督理财师道德操守准则和行为规范的执行情况，是未来中国财富管理行业监管的一个重要环节。

政府对财富管理行业的监管，是本次调研活动的重中之重。从本调研中发现，在对行业进行监管的同时，大多数发达国家和地区的政府监管对财富管理行业更加健康有序的发展起到了引领作用。

本书英国篇中还提到，英国金融行为监管局（Financial Conduct Authority，FCA）的成立，并以"在消费者的利益基础上促进有效竞争"为监管目标，相较于传统上一直将"风险"作为金融监管核心目标的做法，是一次重大的进步。因为"在消费者的利益基础上促进有效竞争"的宗旨明确了金融消费者的信心才是金融体系长期健康发展最重要的基础，并从消费者使用金融服务的需求和便捷性、金融服务机构的替代性、进入金融服务领域的便捷性以及竞争是否有助于创新来考量"竞争"这一目标。

无独有偶，澳大利亚篇对澳大利亚联邦政府和立法机构对金融服务行业的两次重大改革进行了介绍。这也让我们深感，在行业参与者（无论是金融机构、行业组织，还是从业人员）深陷既得利益的泥沼不能自拔、广大金融消费者权益无法得到保障、行业声誉面临危机的情况下，政府和监管单位是行业健康发展过程中不可或缺的保障。尤其是在 20 世纪 90 年代以后，澳大利亚联邦政府始终以金融消费者权益保护为准绳，对市场和行业的发展保持高度敏感：当发现第一次金融服务改革的效果不如预期时，及时进行了第二次大规模改革，提出了新的、更高的要求，并将此次改革命名为"金融服务的未来"。这些在本次调研过程中的发现让我们深感"目标决定方向""纲举目张"的朴实道理，只有真正保障了金融消费者的权益，财富管理行业才有未来。

本书介绍了英国、美国、澳大利亚、瑞士、新加坡以及中国香港地区的金融业，列举了这些国家和地区金融监管的特点及在财富管理领域的监管措施，并探讨了财富管理行业和理财师的职业生态。

受限于我们自身的水平和能获得的资料，本书所展现的仅仅是这些国家和地区财富管理行业发展历程的"九牛一毫"，但我们还是抱以极大的热忱完成了这项在开始时看起来"不可能完成的任务"。这里倾注了中理职联全体执行委员、核心群成员（尤其是中理职联行业发展研究小组全体成员）的巨大热情和对行业健康发展的殷切希望。在本书即将出版之际，感谢参与撰写工作的中理职联行业发展研究小组的成员刘技学、王伟强、林莹琬、张智怡、林盛俊，特别感谢此次应邀参与美国篇撰写工作的 Dr. Rachel Bi（毕倩雯博士）和参与瑞士篇撰写工作的 Dr. Felix Horiacher（费利克斯·霍拉赫博士），同时感谢在本书编写过程中提供了无私支持的南京石榴询财的南小鹏，苏州经纬仁合的陈方、李惊，上海融义财富的陆晓晖，资深理财师龚惠风，杭州麦策金融，鑫管家理财师平台以及以极高的专业度参与本书编辑工作的机械工业出版社的编辑们。向所有为这项工作付出心血和努力的理财师致敬！

  我们希望这份努力能为中国财富管理行业监管政策的制定做出也许是微不足道的贡献。随着客户综合财富管理需求的日渐旺盛，以及理财师出于自身职业生涯发展的需求以更加综合、优质的财富管理服务提升对客户的影响力，中国财富管理行业必将迎来新的发展篇章。正所谓"他山之石，可以攻玉"，发达国家和地区财富管理行业在发展过程中曾经遇到的问题，中国财富管理行业也可能会遇到，而他们为解决这些问题所付出的努力和制定的法律、政策，也会给我们带来启发和思考。

  我们更希望这份努力能为迷茫中的一线理财师带来启发。眼前的一些行业现象，也许不是我们想要的，但不符合客观规律的现象终究会被历史所淘汰。资管新规的出台，让我们看到了很多希望，但行业发展也会有它的惯性，此时更需要我们抱有足够的信心。在我们的职业生涯中，只要能坚定地以职业操守和自律守住执业底线，追求以专业的财富管理核心能力体现自身的专业价值，以客户为中心，以服务为导向，我们就会成为推动行业健康发展的先进力量！

夏文庆

2021 年 9 月

目录

前言

英国：老牌金融帝国的财富管理春天 / 1

 一、英国财富管理行业概述 / 3
  1.1 全球财富管理行业重地 / 4
  1.2 英国财富管理行业发展概况 / 6

 二、英国金融监管发展沿革 / 10
  2.1 2008年国际金融危机前的金融监管 / 10
  2.2 2008年后的系统性金融监管改革 / 12

 三、金融行为监管体系 / 17
  3.1 对经营主体分类监管 / 17
  3.2 金融行为监管的内容 / 19
  3.3 英国对创新业务的沙盒监管 / 22

 四、行业自律体系 / 28

 五、英国对从业人员的管理 / 30

 六、英国财富管理行业的新变化 / 32
  6.1 "脱欧"后的英国金融监管 / 32
  6.2 财富管理机构更加注重客户关系 / 33
  6.3 金融科技的发展促进服务机构聚焦客户的服务价值 / 34
  6.4 独立理财顾问面临零售分销审查监管制度的深刻影响 / 35

七、结语 / 38

美国：全球财富管理行业标准的制定者 / 41

一、美国理财行业发展概述 / 43

  1.1 美国理财行业崛起的背景 / 43

  1.2 从一个行业协会的发展看美国财富管理行业 / 44

二、理财师职业化标准的发展 / 49

  2.1 教育层面 / 49

  2.2 考试层面 / 50

  2.3 职业道德标准和约束 / 51

  2.4 理财规划服务的定义 / 54

  2.5 理财规划服务的流程 / 55

三、美国政府对金融理财行业的监管和影响 / 56

  3.1 美国金融监管的大背景 / 56

  3.2 美国对理财师的监管框架 / 59

四、美国理财师职业化生态 / 62

  4.1 美国理财师职业化生态概述 / 62

  4.2 美国金融科技对财富管理行业发展的影响 / 64

澳大利亚：金融服务业制度建设的领跑者 / 71

一、澳大利亚理财行业发展简述 / 73

二、提供金融服务的监管环境 / 79

  2.1 被监管金融产品范围 / 79

  2.2 金融服务和金融产品建议 / 80

目 录

  2.3 金融服务和金融产品建议的提供方 / 80

  2.4 金融产品建议的形式和法律义务 / 81

  2.5 一般建议和个性化建议及其信息披露形式和要求 / 83

  2.6 所有建议（服务）必须提供《金融服务指南》/ 84

  2.7 定义"有质量的金融服务建议" / 86

  2.8 体现"客户最佳利益"准则的实操步骤 / 87

三、对 AFS 持牌人（机构）的监管 / 89

四、澳大利亚理财师职业化生态 / 93

  4.1 对理财师在教育、培训和道德方面的要求进一步提升 / 93

  4.2 成立统一的行业标准和道德操守管理部门 / 95

  4.3 不同板块理财师的竞争环境 / 97

  4.4 金融科技和理财师平台的发展 / 99

  4.5 深度改革带来的行业影响 / 101

五、结语 / 103

瑞士：从避难中心到全球财富中心 / 107

 一、瑞士金融服务业发展简述 / 109

 二、瑞士银行保密法与全球反洗钱、税收透明化的博弈 / 114

 三、瑞士金融服务机构当前面临的变化 / 117

  3.1 绿色金融 / 117

  3.2 货币和汇率政策 / 118

  3.3 内外部监管环境变化 / 118

  3.4 银行业的整合和并购 / 121

  3.5 独立财富管理机构的整合 / 124

四、瑞士金融服务业的监管演变 / 126
    4.1　2008年国际金融危机前的监管机构 / 126
    4.2　2008年国际金融危机后的瑞士金融监管框架和单位 / 129
    4.3　瑞士行业自律组织的发展 / 131
五、瑞士财富管理从业者监管及培训 / 133

新加坡：致力成为全球私人财富集散地 / 141

一、新加坡金融服务业的历史和现状 / 143
    1.1　聚拢外来财富，使财富管理成为核心优势 / 144
    1.2　大力发展金融基础建设，从"转口贸易"到"转口金融" / 148
    1.3　新兴国际金融中心当前面临的最大挑战 / 153
    1.4　重整平台优势，行业整合进行时 / 155
二、金融监管体制设计和监管思路 / 158
    2.1　监管体制设计 / 158
    2.2　新加坡对私人银行和财富管理业务的监管 / 160
三、财富管理人才的培训和培养 / 166
四、来自新加坡私人银行战略的启发 / 169

中国：香港理财业务的曲折与辉煌 / 173

一、香港金融服务业的发展历史和现状 / 175
    1.1　金融服务业的全球地位 / 175
    1.2　个人理财业务 / 177
    1.3　第三方财富机构 / 179

1.4 资产管理业 / *181*

二、香港金融监管框架及其发展沿革 / *185*
2.1 金融监管框架及其在风险事件中出现的问题 / *185*
2.2 雷曼迷你债券事件对行业监管的影响 / *188*
2.3 监管部门在风险事件发生后的选择 / *192*
2.4 金融消费者保护机制的建立 / *195*

三、香港理财从业人员职业生态现状 / *197*
3.1 理财师从业人员职业资格考试 / *198*
3.2 理财师收入及职业发展 / *201*

四、香港理财业务监管的经验与启示 / *202*

参考文献 / *206*

英国：老牌金融帝国的财富管理春天

一、英国财富管理行业概述

英国在世界金融业的发展进程中居于十分重要的地位。早在1694年，英国就成立了第一家股份制商业银行——英格兰银行；18世纪，英国商人银行成立，正式确立了现代意义上的投资银行；1879年，英国颁布《股份有限公司法》，股份有限公司组织形式首次出现；英国作为信托业的发源地，也是欧洲信托理念和体制的传播者，在欧洲的财富管理市场中举足轻重。

作为世界上最国际化的金融中心之一，英国首都伦敦不仅是欧洲债券及外汇交易领域的全球领先者，还受理超过2/3的国际股票承销业务，有众多证券衍生品的重要交易市场。伦敦证券交易所是世界四大证券交易所之一。

2018年9月，英国智库Z/Yen集团与中国（深圳）综合开发研究院联合发布第24期"全球金融中心指数"，伦敦位居第二。时至今日，伦敦是世界交易规模最大的外汇交易市场，前三大的股票市场、保险市场，第四大债券市场，以及最大的基金管理市场，管理着欧洲近1/2的权益资本以及3/4的对冲基金资产、债券交易。

全球近1/3的掉期交易均发生在伦敦，550家国际银行机构、170家全球证券公司在这里开展业务，这些机构管理超过6.7万亿英镑的资产，其中为英国境内个人投资者管理约1万亿英镑，为英国养老基金等机构投资者管理约3万亿英镑，为其他国家的投资者管理约2.7万亿英镑。

1.1　全球财富管理行业重地

英国财富管理行业的主体包括私人银行、证券公司、资产管理公司以及独立财富管理机构等。

在欧洲投资和年金网站（Investment & Pension Europe，IPE）公布的全球400强管理规模超过63.3万亿欧元的资产管理公司名单中，前120强公司在英国开展业务的有42家。英国在股市、债市、汇市和大宗商品领域中扮演着重要的角色，众多的投资机构将伦敦作为跨时区配置资产配置中心。

基金作为一种为公众服务的社会化理财工具，也起源于英国。时至今日，英国已成为全球资产管理行业重地，被认为是除美国之外的最大的资产管理中心。2017年，英国的资产管理规模约为9.1万亿英镑，其中英国的资产管理机构管理的资产规模占欧洲基金资产的35%左右，为海外客户管理的资产规模超过3.1万亿英镑，同比2016年增长近30%。在这些资产管理机构服务的客户中，约有40%来自海外，他们提供了约1.2万亿英镑的资产管理规模，促使资产管理行业为提振英国经济增长做出了显著的贡献。

据英国投资协会的会员统计数据：会员机构管理资产规模从2002年的1.6万亿英镑增长至2017年的7.7万亿英镑，15年间的复合增长率达到31.97%，整体资产规模占英国国内生产总值的比重接近380%（图1-1）。

超过3/4的英国职业家庭或个人的养老金计划在使用这些资产管理经理的服务，包括超过900万人的定额供款退休（DC）养老金计划、超过120万人的固定收益（DB）养老金计划，还有大约1100万投资人将储蓄、股票

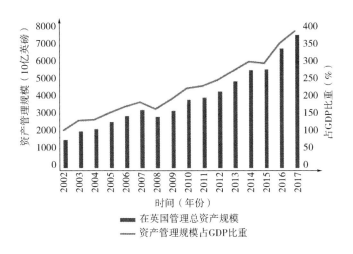

图 1-1 英国资产管理规模（2002—2017 年）

注：该图资料来源于 Asset Management in the UK，2017—2018。

和其他投资产品投入风险资产中，以获取远超过低利率储蓄的投资回报。

英国投资管理协会的相关统计显示，截至 2014 年年底，英国管理的共同基金资产价值达到近 6.8 万亿英镑，其中对冲基金、不动产基金和私募股权基金规模分别约为 2770 亿英镑、2640 亿英镑、1420 亿英镑。

在客户结构方面（图 1-2），78.8% 的基金资产来自机构客户，比 2014 年增长 14.7 个百分点；零售客户占比 19.2%，比 2014 年略增 3.2 个百分点。

此外，英国市场的 ETF 基金份额逐年上升，投资者面对全球投资市场，投资选择较多，既可以投资美国、英国等成熟市场或其他新兴市场的股票和债券，也可以投资石油、黄金、农产品等大宗商品。投资者只需要先决定股票、债券和商品的比重，再决定国别、货币和具体商品类别，随后购买相应的 ETF 即可。相应地，ETF 第一层次可分为股票型、债券型和大宗商品型，在此之下又可以分为各类股票指数、债券指数、各类商品、各个国家市场等类别。

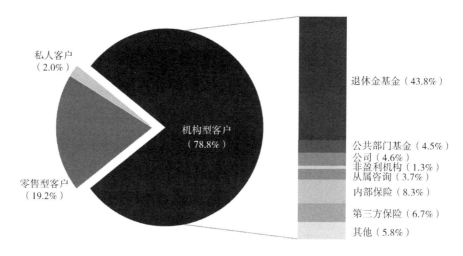

图 1-2　2017 年英国基金管理业资产规模占比（按客户类型划分）

注：该图资料来源于 Asset Management in the UK，2017—2018，The investment association。

1.2　英国财富管理行业发展概况

尽管受到"脱欧"的影响，英国 2018 年的百万富豪数量相比 2017 年仍有 11.15% 的增长（按美元汇率估算）。根据 New World Wealth 的报告，2017 年英国私人财富（包括财产、现金、股权等）的持有规模约为 99 190 亿美元，居全球第 4 位（表 1-1）。

表 1-1　持有财富超过 10 亿美元的前 10 位国家（2017 年）

（单位：亿美元）

排名	国家	财富总额
1	美国	625 840
2	中国	248 030
3	日本	195 220

（续表）

排名	国家	财富总额
4	英国	99 190
5	德国	96 600
6	印度	82 300
7	法国	66 490
8	加拿大	63 930
9	澳大利亚	61 420
10	意大利	42 760

注：资料来源于 New World Wealth。

在英国财富管理服务行业中，独立理财师（Independent Financial Adviser，IFA）①成为英国财富管理市场重要的服务力量，得到越来越多客户的青睐。独立理财师所能提供的投资范围非常广泛，涵盖股票、基金、投资级债券、养老金、人寿保险、抵押贷款、税务规划、房地产规划等各个领域。由于英国高收入人群在工作和生活过程中涉及大量的法律事务和会计事务，需要频繁征询律师和会计师的专业意见，因此律师与会计师掌握了大量的高资产客户资源与第一手信息。独立理财师获客的主要来源是与律师行和会计师行的合作引荐，这样可以高效率地获取高资产目标客户的信息。

经过多年发展，英国目前已有 11 000 多家理财顾问公司、超过 3 万名理财顾问，通过他们销售的共同基金占基金零售总额的 80%，占销售总额的 50% 以上。

根据金融行为监管局的监管规则，财务顾问的业务范围主要包括完整

---

① IFA 是指理财师以合伙制形式成立的独立的第三方理财机构，自身不提供任何投资产品，而是凭借良好的专业技能为客户提供专业的理财建议服务。

顾问服务（Full advice and recommendation）、基本顾问服务（Basic advice）、纯粹资讯提供服务（Pure information providing services）三种。其中，基本顾问服务较为简单、快速，费用较低，只能针对存款、共同基金等限定种类的商品提供建议；纯粹资讯提供服务是指客户就有兴趣的标的向财务顾问索取相关资料，投资顾问可能会询问一些问题以降低所应提供资讯的范畴，相应产品的风险和收益由投资人自行决定。

商业银行依然是财富管理行业非常重要的组成部分。针对普通客户，商业银行主要提供大众化的简单理财服务，业务范围有一般账户（normal account）、住房抵押贷款（mortgage）、小额度家庭贷款（loan）和低额度透支信用卡（credit card）等。对一般客户的理财需求，银行主要在上述四项服务的基础上进行细分和标准化设计，产品相对简单，个性化服务较少，客户只能在有限的产品中进行选择。而对于高净值客户，商业银行则提供较多的个性化理财服务。对家庭年收入在 10 万英镑以上的客户，商业银行提供的投资类产品和保险类产品大幅增加，包括高额住房贷款、退休理财金账户、离岸交易账户、股票基金账户、对冲基金账户、高息债券账户等。

综合性银行会根据对客户风险偏好的详细划分，在一揽子的理财产品中进行个性化的定制。在综合性银行提供理财服务的人员，被称为雇员理财师（Tied Financial Advisers，或者 Tied Advisers），主要为高净值客户提供专业化服务。与独立理财师相比，雇员理财师受雇于银行，其收入由其受雇的银行支付，因此倾向于向客户推荐受雇银行发行的投资工具和理财产品。但近年来，为了更好地绑定客户的差异化理财需求，雇员理财师也开始更多地向客户推荐符合其真实需求的其他银行或投资机构发行的产品，部分银行的雇员理财师为其客户推荐的资产组合中本公司提供的产品比例可降至25%。这更多地体现出以客户利益为中心的导向，有利于留住高净值客户。

在客户开发流程方面，前台部门将开办一般业务的高净值客户的信息传递给对应的雇员理财师，由雇员理财师与客户接洽，进一步拓展理财业务合作空间，提供全方位的理财服务，必要时由专门的产品设计部门设计定制化的产品，满足客户不同风险收益特征的理财需求。

作为财富管理行业的主要组成部分，私人银行主要是为高净值客户提供服务。英国私人银行的客户定位相对较低，一般要求客户资产规模在50万英镑以上。私人银行主要为客户提供授权资产管理服务，投资范围涵盖全球股票、固定收益产品、衍生品（结构化产品、对冲基金、PE、商品）、现金等。其收费模式大多是只收取管理费，并不提取业绩报酬。私人银行的服务范围涵盖养老金、信托、遗产继承、避税、投资移民等。近年来，英国私人银行资产管理业务在俄罗斯人和华人高净值客户中较受欢迎。

私人银行对高净值客户的资产管理服务往往采取投资经理负责制，即每个客户都有一个直接对应的投资经理。私人银行的资产管理业务往往需要一支自身的研究团队，对各资产类别进行跟踪和覆盖，除了直接覆盖本国市场的重要股票外，其他类别的资产往往通过购买投资于该类资产的各种专项投资基金来实现。

二、英国金融监管发展沿革

2.1 2008年国际金融危机前的金融监管

第二次世界大战后,全球经济得以恢复和发展,各国贸易往来的交融、经济依存度的加深、各种金融活动的日渐兴起使得金融自由化快速发展。自20世纪70年代开始,各国逐渐放开利率、汇率、银行业务,资本流动的自由化推动了财富管理行业的蓬勃发展。

2000年以前,英国传统的金融监管职能主要由证券与投资委员会、自律组织、英格兰银行、建筑协会、财政部保险理事会、友好协会登记处等承担。以机构自律管理为主,以英格兰银行监管为辅,金融监管主要依靠监管者和被监管对象的相互信任和合作,监管当局则采取"道义劝说""君子协定"等监管方式。

这种较为放任的监管方式间接促发了英国于20世纪70年代的银行挤兑危机,并一度波及核心银行。这些危机事件推进政府出台《1979年银行法》,标志着英国金融业进入规范化进程。

在发生国际商业信贷银行破产、巴林银行倒闭等一连串重大金融事件之后,英国明确了英格兰银行为中央银行,并通过了《2000年金融服务与市场法案》,将商业银行业务运营监管与投资服务业监管并入新成立的金融服务管理局（Financial Service Authority，FSA），从法律上明确了金融服务管理局与被监管者的责任、权利与义务。

《2000年金融服务与市场法案》赋予了金融服务管理局一系列法定权力，并在英格兰银行下设立了金融行为监管局（Financial Conduct Authority，FCA）、审慎监管局（Prudential Regulation Authority，PRA）、金融政策委员会（Financial Policy Committee，FPC）等部门，确立了英国金融监管机构改革的法律框架。值得一提的是，英国的金融监管部门创立了"金融服务与市场特别法庭"，同时建立了对消费者的赔偿计划，详细规定了金融监管部门、监管对象的权力和行为。

彼时，金融服务管理局获得了前所未有的权力，监管范围涵盖银行、证券、保险、建筑资金融资合作社（Building Societies）、劳合社（Lloyd's）、投资及退休基金、咨询顾问、证券经纪商、专业投资公司、基金经理人、衍生性商品交易商以及各类互助会。加上与中央银行的分离，金融服务管理局成为当时世界上最强有力的金融监管机构，解决了当时存在的诸多问题。

在此基础上，监管部门仍然强调市场自律机制，为市场制订了各类指引，这些指引也被称为手册（The handbook），涵盖术语、高层级法规、审慎标准、商业标准、监管程序、补偿和特殊规范以及信息披露等内容。

其后，为配合建立欧盟单一金融服务市场架构，欧盟推出金融商品市场令（Markets in Financial Instrument Directive，MiFID），规范各成员国的主要投资服务业（券商、期货商、顾问服务等）可以通过单一执照在欧盟各国开展业务。为此，英国金融监管局依据MiFID的要求重新修订了监管规则，并于2008年后将衍生性金融商品市场与交易模式的管制、高频交易等新增举措纳入该体系。

与此同时，英国政府修订《2006 年公司法》（Companies Act 2006），强化了股东信息披露、间接投资人的权益保护、董事职责以及审计等方面的内容。

2.2 2008 年后的系统性金融监管改革

2008 年国际金融危机之后，为了维持金融体系的稳定，英国政府先后公布了《金融稳定和存款者保护：强化现有框架》（Financial stability and depositor protection：strengthening the framework）和《金融稳定和存款者保护：特殊解决机制》（Financial stability and depositor protection：special resolution regime）等改革方案，明显提高了对金融消费者保护的重视程度。

卡梅伦上台后，又陆续公布了《金融监管新方案：判断、焦点和稳定》（A new approach to financial regulation：judgement，focus and stability），《金融监管新方案：建立更稳定的体系》（A new approach to financial regulation：building a stronger system），以及《金融监管新方案：改革蓝图》（A new approach to financial regulation：the blueprint for reform）等一系列监管改革方案。2009—2016 年，英国金融监管的部分法律变革方案见表 1-2。

表 1-2 英国金融监管的部分法律变革方案

时间	法案
2009 年 2 月	《2009 年银行法案》
2009 年 7 月	《从危险到信心：稳健银行业的计划》
2010 年 7 月	《金融监管新方案：判断、焦点与稳定》
2010 年 12 月	《2011 年金融法案》
2011 年 6 月	《金融监管新方案：改革蓝图》

(续表)

时间	法案
2011年9月	ICB《最终报告》
2012年3月	《法案的一个视角：委员会的变化》
2012年12月	《2012年金融服务法案》
2013年7月	《2013年金融法》
2013年12月	《2013年金融服务（银行改革）法》
2014年7月	《2014年金融法》
2015年3月	《2015年金融法》
2016年5月	《2016年英格兰银行和金融服务法》
2016年9月	《2016年金融法》

注：根据英国议会官网、英格兰银行、英国财政部消息整理。

其中，《2013年金融服务（银行改革）法》的出台，实施了包括银行独立委员会（ICB）所建议的"围栏规则"等在内的一系列措施：将零售银行、批发银行和投资银行分离开来，建立独立的零售银行，对该零售银行的监管参照上市公司的强制信息披露、定期财务会计报告等措施；零售银行作为独立法人，从事个人和中小企业存贷款的业务，除非出于审慎监管所必需，否则不得对欧洲经济区以外的顾客提供金融服务、开展金融业务。

该法案进一步提出了对重要银行以及分离出来的零售银行包括资本充足率、杠杆率等在内的更为严格的监管标准，以提高其损失吸收的能力，使银行的资本与其经营风险相匹配，在面对金融危机时具有自我挽救的能力，而不需要"政府动用公共财政，提供竞争补贴金"来应对危机。

该法案还实施了将市场是否有效竞争纳入金融监管的范围、改革银行结构、提高零售银行业务的透明度、增加银行市场竞争压力等举措。在此法案下，通过"母公司控股子公司分业经营"的做法抑制了跨行业的风险感染，降低了银行对风险的过度承担，这是对"太大而不能倒"（too big to fail）[一]道德风险的有力回应；通过隔离零售业务和批发、投资业务，使零售银行致力于保护重要的储户、抵押贷款、为中小企业服务等金融业务，保持了金融服务的效率与连续性，能够更好地服务于实体经济。这次金融监管体系的法律变革不仅有效降低了金融系统性风险，维护了金融监管体系的安全，还体现出金融发展的本源在于提供连续性金融产品与服务、服务于实体经济。

在监管主体上，曾经"权倾一时"的金融服务管理局被撤销。随着《2012年金融服务法案》的出台，英格兰银行内部设立了金融政策委员会（Financial Policy Committee，FPC），全面负责监控和识别系统性风险。金融政策委员会受英格兰银行的领导，强化了英格兰银行金融监管的能力。该机构的主要职责是分析、识别、监测、防范和应对系统性风险，加强监管体系中宏观审慎监管的力度。其职能包括：

（1）对金融机构进行有效监管，及时发现诱发系统性风险的因素，对系统性风险进行正确识别和测度。

（2）向金融行为监管局、审慎监管局发出具体指令，指导他们采取相应措施对金融体系进行监管。

（3）向财政部、英格兰银行、审慎监管局和金融行为监管局提出有关的监管建议。

（4）定期发布《金融稳定报告》，指出当前金融体系的潜在风险，并提出相关建议和措施。

[一] 这里指当一些规模极大或在产业中具有关键性重要地位的企业濒临破产之时，政府为了避免这样的企业倒闭之后所引发的巨大连锁反应所造成社会整体更严重的后果，甚至不惜动用政府资金帮助他们渡过难关。

历经多次修订和完善,英国金融监管体系逐步形成了著名的"双峰监管"体系(图1-3,表1-3)。

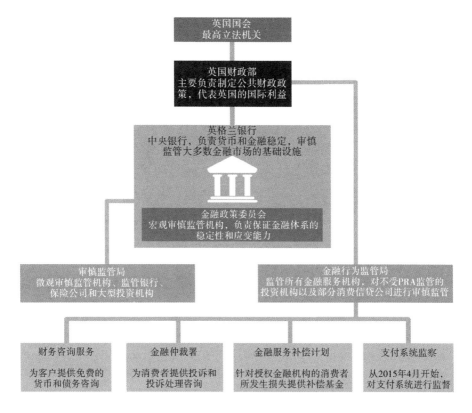

图1-3 英国金融监管体系(2013年后)

表1-3 "双峰监管"体系

金融行为监管局	审慎监管局
保护消费者	确保公司间有效竞争
增强市场的健全度	确保公司的安全与稳固
促进竞争	确保对(保险)投保方的保护
创新	—

该模式通过英格兰银行内部设立金融政策委员会（FPC）[1]，负责宏观审慎监管（监控和应对系统风险），识别和应对系统性风险；央行下设审慎监管局[2]，负责对 1700 家银行、住房贷款协会、信用社、保险公司和主要投资银行的审慎监管（关注金融机构个体风险、经营是否稳健）；设立金融行为监管局，通过金融机构行为和产品准则对金融机构进行规范监督，对非存款类中小金融机构进行审慎监管。金融行为监管局还设置了一个金融服务补偿计划，在已批准的某个金融机构倒闭的情况下，该补偿计划会给受到损失的客户提供一定的补偿。

由此可以看出，英国的银行、保险与主要资产管理机构将面临同时接受审慎监管局（侧重宏观审慎与系统性风险监管）和金融行为监管局（侧重行为监管）的监管，两个机构通过签署合作备忘录的方式共享相关信息。而小型服务机构部和单一业务服务机构，则由两家机构分别进行监管。

总之，经过一系列的发展和改革，英国在金融监管领域形成了独具特色的"双峰监管"体系，力求通过相关机构的职责划分，不仅可以实现宏观监管的审慎和全面，还可以实现对中观、微观层面的行为和风险进行识别、监控和处置。

---

[1] 金融政策委员会有权为限制或降低金融市场的系统风险进行识别、监督和采取行动，能够指导其他监督部门并且要求他们履行其监管职能，从而保障宏观审慎措施的实施。

[2] 以"判断导向"的监管方法、"有效、适度、可持续增长"的原则，对存款接受机构、保险机构、指定由审慎监管局监管的可能导致金融系统稳定性发生重大风险的投资公司实施微观审慎监管，鼓励其稳健经营，以增强金融体系的稳定性。同时，审慎监管局还为金融政策委员会的宏观审慎评估提供其所监管金融机构的相关信息，以便金融政策委员会的宏观审慎评估更加科学合理。

三、金融行为监管体系

金融行为监管局的成立,并以"在消费者的利益基础上促进有效竞争"(promotes effective competition in the interests of consumers)为监管目标,这相对于传统上一直将"风险"作为金融监管核心目标的做法是重大进步,明确了金融消费者的信心才是金融体系长期健康发展最重要的基础,并从消费者使用金融服务的需求和便捷性、金融服务机构的替代性、进入金融服务领域的便捷性以及竞争是否有助于创新来考量"竞争"这一目标。

3.1 对经营主体分类监管

随着审慎监管局和金融行为监管局分工体系的确立,金融行为监管局引入了评断式监管(judgment-based supervision),根据企业经营模型和未来策略进行判断。依据机构规模、零售客户数量、批发业务的市场地位及潜在的风险等级,将监管对象分为C1~C4四种类型。

C1:银行及保险公司有庞大零售客户群体,或国际性银行及投资银行有庞大客户资产及交易的展业机构。

C2:公司有较大零售客户群或批发客户。

C3:公司有零售客户及显著批发客户。

C4：小公司，含所有中介商。

其中，C1 及 C2 类型公司（称为固定组合"fixed portfolio"），将配备专属的监管人员，对该机构对消费者或对市场引发系统性风险进行评估和识别；C3 及 C4 类型公司（称为变动组合"flexible portfolio"），将配备专业人士进行监管，不会配备特定的监管人员。

对于 C1 及 C2 类型公司的监管，通过企业系统架构制度（Firm Systematic Framework，FSF），包括企业模型及策略分析（Business Model and Strategy Analysis，BMSA）、评估机构如何公平对待消费者，确保企业运营（产品设计、销售或交易、客户服务以及风险控制）流程，对过去的销售或提供的服务进行分类评估。

拥有庞大零售客户群体的 C1 类型公司，必须接受金融行为监管局最严格的直接监督和持续评估，主要包括：

（1）每两年接受一次业务模式和策略分析，一年后复查。

（2）定期召开例会，参会人员包括金融行为监管局监管部门、高管、金融机构董事会成员、控股人以及外部审计人员；必要时召开临时会议，持续了解机构业务变化和风险隐患。

（3）定期检查管理层信息，包括检查董事会、执行委员会和内部规则的执行情况。

（4）召开年度战略会议，参会人员包括金融行为监管局高管与金融机构 CEO、管理人员。

（5）每年对机构进行一次评价，结论以信件形式送达机构并交董事会。

（6）对收益进行常规基线监测，收益的异常增加会引起金融行为监管局的关注。

对于 C2 类型公司，金融行为监管局对同一类型机构进行群体性风险识别。C1、C2 类型的公司每两年需要做一次 FSF 深度评估，且每年接受一次同行业业务模式和策略分析。对于 C3 类型的公司，金融行为监管局采用抽样检查的方式接受同行业分析评估，主要着眼点在于 C3 类型的公司如何经营和控制公司。对于 C4 类型的公司，则注重如何经营公司。

此外，金融行为监管局还对部分机构进行审慎监管，主要监管对象有资产管理公司、独立财务顾问、抵押贷款和保险经纪公司，其监管目标是当金融机构遭遇资金压力或破产时，最大限度地减少对消费者、批发市场参与者和市场稳定的损害。依据机构规模、贸易活动、作为中介机构或供应商的关键或主导地位、机构破产对消费者和市场造成的影响、持有客户资金和资产规模，将监管对象分为 P1～P4 四种类型的企业。其中，P1 类型企业的破产对市场、消费者和客户资产造成的损害最大，P2～P4 类型企业依次递减。对于 P1、P2 类型的企业，金融行为监管局会进行全面的资本和流动性分析以及风险管理能力评估，一旦发现有发生财务危机的迹象，金融行为监管局将组建危机管理小组对其所有的行动措施和方案进行评估。

在此基础上，金融行为监管局与审慎监管局将金融监管所涉及的主体、业务环节、行为监管和法律工作全部囊括在内。

3.2 金融行为监管的内容

金融行为监管局的监管内容主要包括：对金融产品的管理和干预，对金融产品和服务的推广限制、调查和处罚。

3.2.1 对金融产品的管理和干预

在应对一系列危机的基础上，金融行为监管局除了常规的信息获取途径，还可以通过听取金融消费者组织和举报人的意见，在金融产品设计之初就进行干预，以更早地发现金融产品设计中潜在的问题。金融行为监管局会对金融机构设计、经营和销售金融产品的各个环节进行监督，如评价金融产品设计中是否考虑了目标客户的需求、产品的销售策略是否合适等；加大对金融机构的问责力度，确保金融产品的销售范围与目标客户相一致、产品的功能与预期相符。

必要时，金融行为监管局还可通过制定产品干预规则对金融产品进行直接干预，以防止其对金融消费者造成损害。例如，可限制特定金融产品某些功能的使用，可限制特定金融产品向部分或全部消费者进行推广，也可采取限制金融产品销售等临时性产品干预手段。

根据《2012 年金融服务法案》，如果金融产品对金融消费者构成了不可接受的风险，金融行为监管局可制定规则禁止这些金融产品在市场上销售。如果这些金融产品是在禁令生效后销售给消费者的，金融行为监管局可通过制定规则让消费者取回他们购买这些产品时支付的资金。这一规定对那些不考虑金融消费者利益的金融机构起到了极大的震慑作用。

3.2.2 对金融产品和服务的推广限制

金融行为监管局不通过执法程序（enforcement process）即可禁止误导性的金融产品和服务在市场上推广。这项新权力的使用，主要针对特定金融产品和服务的推广行为，而不针对某一金融机构。金融行为监管局可单独使用这项权力，也可在对金融机构采取执法行动前使用这项权力。

值得注意的是，这项权力与金融行为监管局的其他处罚权有所不同，其他处罚权主要适用于金融机构违反规则时,而这项权力的使用则可以前置至金融行为监管局预判到消费者可能遭受实际或潜在的经济损失时,以及金融机构的推广行为对金融消费者的理性选择或最优交易选择造成不利影响时。

金融行为监管局在使用这项权力时,应首先向金融机构发出指令,要求其禁止金融产品和服务的推广,并说明理由。金融机构如果认为金融行为监管局做出了错误的决定,可向其提出申诉。根据金融机构的申诉,金融行为监管局有权决定是否继续执行、修改或撤销其指令。

3.2.3 调查和处罚

根据监管需要,审慎监管局与金融行为监管局可在其职责范围内协调配合重大案件的调查,并可将涉嫌犯罪的行为交由检察官或商工部执行起诉。金融行为监管局对相关投资业务具有调查权和形成文件的权限[一],对内幕交易和市场操纵也有相应的处罚权限。

在上述行为监管的实施过程中,金融行为监管局可公开披露对金融机构采取的纪律处分措施。在正式执法过程中,金融行为监管局将首先发布"警告通知",对外详细披露金融机构纪律处分的细节。金融行为监管局希望通过更加公开和透明的执法程序,让金融消费者更好地理解金融行为监管局是代表其利益在行使职权,也让金融机构清楚什么行为是金融行为监管局所不能接受的。此外,与被撤销的金融服务管理局相比,金融行为监管局的监管范围也被进一步扩大,投资交易所、保荐人和主要的信息提供者都将受其监管。

作为金融行为监管局三大操作目标之一,竞争性目标客观上要求金融

[一] 检察官负责财务报告为不实报告及市场操纵等犯罪行为起诉,商工部负责内幕交易起诉。

行为监管局更加重视金融市场的有效竞争问题，特别是在金融危机已导致市场竞争减弱的情况下。金融行为监管局已意识到，监管政策虽可纠正潜在的市场失灵，使市场竞争充分发挥效用，但设计不周的监管政策或过度的监管行为有时也会阻碍市场竞争。因此，有必要对现有监管政策重新进行审视，加快出台更有利于市场竞争的监管政策。金融行为监管局一直致力于加大市场分析力度，通过全面深入的市场调研了解消费者和金融机构的行为、市场结构和产品定价等方面的信息，以做好政策储备，在必要时替代现有监管政策，并通过将竞争理念植入监管政策的方式最大限度地降低监管框架对市场竞争的扭曲程度。

为了防止金融行为监管局滥用权力，法律同样赋予审慎监管局要求金融行为监管局不执行某些行为的权力。这些行为包括审慎监管局认为金融行为监管局行使权力可能影响英国金融体系稳定，或导致某家金融机构倒闭甚至引发系统性风险的情形。在以上情况下，审慎监管局可要求金融行为监管局不执行该行为。

3.3 英国对创新业务的沙盒监管

在现有的监管体系下，英国对创新业务的监管也进行了卓有成效的探索，建立了沙盒监管体系（图1-4），并对进入沙盒的新兴业务进行介入式干预。一方面，保证监管方式与时俱进；另一方面，推动市场积极创新，减少因接受创新给市场带来的不确定性风险。

在实际运行过程中，金融行为监管局的监管沙盒共有五类管理工具，包括：限制性牌照（Restricted Authorization）、个别指导（Individual Guidance）、豁免（Waivers）、无异议函（No Enforcement Action Letters）、非正

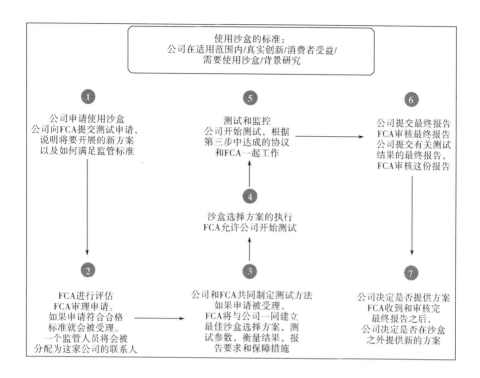

图1-4 英国对创新业务的沙盒监管

式引导(Informal Steers)。

对需要申请牌照的公司,要求其提供总部和部分员工位于伦敦的证明,还需要在申请前详细阅读相关规章文件,如英国金融行为监管局手册(FCA Handbook)中关于受监管业务的规定、《准入条件》(Threshold Conditions)条款、支付和电子货币牌照申请指南等,并按监管局要求提供相应的申请信息。

金融行为监管局规定,凡在英国境内从事受监管业务的企业,均须事先申请牌照或在金融行为监管局注册登记。在所调研的企业中,有5家企业属于牌照申请这一类,主要分为以下两种情形:

(1)初创企业还未取得开展业务所需牌照。例如,Nivaura 和 BlockEX

计划使用区块链技术发行债券和进行数字资产交易，在进入沙盒之前没有证券发行和证券交易的牌照，不具有证券发行资格；Assure Hedge 计划使用外汇期权为企业提供外汇风险对冲服务，但尚未申请到期权交易的牌照。

（2）已经开展主营业务，计划新开展受监管业务的企业需要申请新的牌照。例如，申请沙盒项目之前，Otonomos 利用区块链技术提供公司注册、公司在线管理服务，是一个提供自动化注册、记录公司资产和股权变动情况的平台，不受金融行为监管局监管。Otonomos 计划在已有业务基础上开展帮助企业在线募集资金的业务，即在平台上创造资金募集模块，使用代币代表股权，可以使公司在平台上向投资者发放新股权。资金募集是受监管的行为，需要获得安排投资交易（Arranging Deals in Investments）的牌照。又如，进入沙盒测试之前，Evalue 是一家风险预测及财务规划软件提供商，为投资顾问和金融机构提供风险评估与财务预测模型。Evalue 计划开展养老金领域的智能投资顾问业务，而投资顾问是受监管的行为，因此需要为他们的智能投顾产品寻求投资顾问（Advising on Investments）牌照。

在监管沙盒项目开始之前，个人财务管理技术服务公司 Pariti 已经是英国登记注册公司，获得了金融行为监管局的相关牌照。在金融行为监管局的监管下，Pariti 通过 APP 读取和整合用户的银行账户和信用卡信息，根据用户的信用卡消费和透支状况计算用户的真实借款成本，帮助用户设置财务目标、管理财务。Pariti 参与沙盒测试的是与汇丰银行（HSBC）合作的项目，Pariti 想要测试能否实现个人消费者银行账户的自动储蓄功能，即事先制定银行账户的自动存储规则，只要消费者在消费时满足自动存储条件，就会将一部分金额自动转入储蓄账户。由于涉及消费者资金在现金账户和储蓄账户之间的转移，测试期间金融行为监管局给予了 4 个月的豁免书（Waiver），专供测试期间使用。

进入沙盒测试前，企业因不清楚自己所提供的服务是否需要受到金融监管或者需要何种类型的金融监管，从而申请参加测试，试图通过与金融行为监管局的紧密沟通明确是否需要牌照以及需要何种牌照。这一类型的企业主要分为两种：一种是进行了产品或服务模式的创新。例如，Laka 开创了一种先理赔、后缴费的保险模式，无法确定是否需要保险公司牌照；Nimbla 为中小企业提供的服务包括按需定制的信用保险，但其没有保险牌照，只是保险经纪公司 Ambant 的指定代表，由 Ambant 设计销售产品；Paylinko 则是计划通过链接支付提供聚合支付服务，不确定是否需要牌照。另一种是技术企业为投资银行、资产管理和投资顾问等专业机构提供技术服务，企业不确定是否是需要接受监管。例如，在进入沙盒之前，金融行为监管局认为，Beekin 如果是提供房地产价格预测服务，则需要申请投资顾问的牌照，而 Beekin 认为自己提供的是信息服务而不是投资建议；计划提供企业 IPO 数字化平台服务的 Issufy 认为自己属于信息服务平台，金融市场监管规则并不一定对他们适用，进入沙盒之前并不明确公司是否应该接受金融行为监管局的监管。

通过整理金融行为监管局前期公开发布的文件可知，监管沙盒共包含五类管理工具：

（1）限制性牌照（Restricted Authorization）。在沙盒测试期，金融行为监管局为测试企业提供限制性牌照，即企业可以在规定的业务领域和时间范围内拥有牌照，获准进行交易，测试涉及的消费者数量、交易金额、交易总量等都受到限制。限制性牌照只在沙盒测试期间有效，且仅适用于测试所涉及的产品或业务领域。该项工具能够帮助企业在金融行为监管局的监督下，在较短时间内以较低的成本开展业务，而无须在业务开展前花费大量的时间和金钱成本申请牌照。

（2）个别指导（Individual Guidance）。如果申请企业对监管制度如何应用到自身企业有任何疑问，金融行为监管局会为其提供解释与指导，帮助其结合自身情况进行测试。

（3）规定豁免与修改（Waivers or Modifications to Our Rules）。金融行为监管局会根据企业情况在其权限范围内豁免过于繁复的规定，但无权免除英国基本法及欧盟法律的相关条款。

（4）无异议函（No Enforcement Action Letters）。对于金融行为监管局无法提供个人指导或豁免的企业，出于特殊环境或条件的考虑，可以在测试期内为这些企业提供免除强制执行监管条例的无异议函。只要企业与金融行为监管局进行定时沟通，在限制条件下进行测试，金融行为监管局会接受一些突发状况，并提供免除强制执行监管条例的无异议函。

（5）非正式的引导（Informal Steers）。金融行为监管局会给予一些处于早期的创新型产品或商业模式非正式的监管方面的引导。

在上述五类工具中，限制性牌照的应用最为普遍，即企业在与金融行为监管局沟通后，提出符合限制范围的测试方案，并进一步进行测试。如果测试成功，企业则能够在测试期后免除限制，获得正式牌照。

部分调研企业也表示，监管沙盒评审人员对于一些创新业务是否需要牌照等问题持非常谨慎的态度，更多的是提供法律上的指导性帮助，而不会给予绝对性的答复。此外，金融行为监管局各部门的牌照授予部门也不直接参与沙盒测试，企业能否在测试后获得正式牌照，还需要企业提交各类材料，监管沙盒的案件专员与牌照授予部门进行商讨后才能够决定。

监管沙盒本身是金融行为监管局创新中心的一个部分，是为创新提供监管支持的一种工具。而对于申请牌照的企业，金融行为监管局则表示会尽量使这一过程更为顺畅，减少企业的时间成本，但是否需要简化申请牌照所需的材料视情况而定。测试企业提出牌照申请时，可以在沙盒测试期间只提交主要材料，在测试结束后再提交剩下的材料。

与企业的反馈一致，金融行为监管局强调监管沙盒只是其促进金融创新、鼓励市场有效竞争的一种工具，能够提供部分灵活性便利，但整体还是要回归现有的监管体系，而不会为测试企业制定新的监管政策。

金融行为监管局监管沙盒作为企业与监管层的连接者，一方面，为企业提供了安全合规的测试环境以及与监管机构的沟通机会，降低了企业的时间成本；另一方面，帮助监管层更好地了解创新的商业模式和技术，同时密切掌握企业动态，保护消费者利益不受侵害。

值得注意的是，金融行为监管局监管沙盒虽然旨在促进创新，但其总体仍旧在金融监管的大框架下运行。所有的监管沙盒企业在申请初期及成功后均需向金融行为监管局提交详尽的企业信息，并定期向金融行为监管局做测试进程与指标汇报，同时需要设立相应的退出触发机制，确保不会因为业务问题损害消费者权益。而申请在测试结束后获得正式牌照的企业，在一般情况下，其所需提交的材料并不会有所减免。金融行为监管局会帮助企业使整个流程运行得更为顺畅，降低企业成本，但这并不意味着企业可以从事任何形式的、完全不受法律约束的创新行为。

四、行业自律体系

在英国财富管理行业的发展过程中,自律性协会以保护所有投资者为中心宗旨为行业发展做出了重要贡献。以共同基金为例,英国的共同基金投资管理实体是各类民间管理协会,如共同基金协会、投资顾问协会、投资信托协会、基金经理人协会、证券投资协会等。此外,随着行业的不断发展衍进,行业自律体系不断完善,英国甚至出现了P2P、比特币细分领域的行业自律组织。

基于发挥市场"看不见的手"的自动调节效应,英国金融行业的发展一直由行业自律体系进行约束和调节,财富管理涉及的投资业务的主体也需要接受自律组织的规范。根据相关规定,在英国国内规范投资业务的自律组织必须得到金融行为监管局的承认,并接受金融行为监管局的指导。这些自律组织在得到金融行为监管局承认之后,可以授权所属领域企业开展业务。

协会通过对会员资格的审查进行自律性管理,凡是从事共同基金业务的个人和机构都需要获得某共同基金协会的会员资格,协会有权取消违反规定者的会员资格,使其不能再从事共同基金业务。各协会对共同基金的投资进行风控限制,切实保护投资者利益。自律性协会作用的发挥,有利于保持基金行业的长期稳定和规范,便于政府进行宏观引导和调控,且具有充分的灵活性和弹性。

目前，英国自律组织的主要职责包括：

（1）调查会员或申请为会员核发相应的执照，核查会员是否适合开展相应的业务。

（2）监督会员企业的财务状况，包括财务来源的适应性。

（3）监督会员企业与客户的交易，确保会员提供的资讯、建议清楚适当、不误导投资人。

（4）建立投资人的投诉渠道，并提供解决纠纷的机制。

（5）处理会员企业的违规处罚，要求所属会员机构补偿投资者因不当建议所受到的损害或取消相应的会员资格。

五、英国对从业人员的管理

根据英国的相关法律，金融行为监管局针对八类市场行为的从业人员进行监管：

（1）从事投资活动（Dealing in investments）：以本人或代理人身份进行买卖、申购等行为。

（2）安排投资交易行为（Arranging deals in investment）：为他人买卖、申购等行为做出安排。

（3）吸收存款（Deposit taking）。

（4）保管与管理财产（Safekeeping and administration of assets）。

（5）投资管理（Managing investments）：管理他人投资组合，如各类投资管理公司。

（6）提供投资顾问（Investment advice）。

（7）设立共同投资基金（Establishing collective investment schemes）。

（8）利用电脑系统为基础发出投资指令（Using computer-based systems for giving investment instructions）。

其中，与募集共同基金相关的行为属于第七类，投资管理是第七类之外的投资管理业务，如全权委托、退休金、各种资金投资管理等。

从事以上工作的人员须获得金融行为监管局的核准。根据所从事的不同工作，金融行为监管局将从业人员的职务分为有重要影响力的职务（领导职务、必要职务、功能控制、重要管理职务和重大管理事务）和普通职务，分别核准有重大影响力职务的人员和普通从业人员。核准的依据主要包括核准对象的信誉、品格、可靠程度和财务方面的稳健性，是否有能力称职、诚实并公正地开展有关业务，以及财务状况、偿付能力等。值得一提的是，即便不是直接面对客户的市场和推广人员，也需要取得相应的核准资质。

根据相关规定，所有投资顾问均须通过考试才有资格运营相关业务。英国有多家机构开展相应的资格考试培训业务，其中最为普遍的考试为国际金融理财师（Certificate in Financial Planning，CFP）资格考试。FPSB 年报显示，截至 2018 年年底，英国取得 CFP 资格的人数为 915 人。

值得一提的是，英国的理财顾问分为独立顾问（Independent Advisers）和受限制的顾问（Restricted Advisers），两者需要同样的资格认证并获得金融行为监管局的监管，同时都不被允许收取相应的佣金。

两者的区别在于独立顾问需要考虑和推荐来自整个市场所有公司、所有类型的零售投资产品，并且需要给出没有偏见、没有限制的建议；而受限制的顾问只会推荐部分产品，这些顾问和产品提供方有可能为同一家公司。

六、英国财富管理行业的新变化

6.1 "脱欧"后的英国金融监管

2017年，英国决定和欧盟脱钩，该项决策对全球金融市场产生了极大的影响。作为世界经济中心之一，伦敦的国际地位可能不会有太大的改变，但"脱欧"之后总部设立在伦敦的一些金融机构可能会搬到纽约、香港或者巴黎等地，这样就会影响伦敦国际金融中心的地位。

2018年1月，适用于英国的《金融工具市场指令Ⅱ》（MiFID Ⅱ）正式开始实施，必然会对英国的财富管理行业产生极大的影响。

根据MiFID Ⅱ的规定，提供"投资服务"的公司，只要是位于属于欧盟经济区的成员国国家境内，就要受到MiFID Ⅱ的监管约束。按此规定，英国"脱欧"前仍须遵守该规定。同时，MiFID Ⅱ监管的对象还包括在交易所交易的商品衍生品、柜台产品（场外交易，即OTC），以及投资咨询公司——全球投资银行和作为卖家的经纪商。

MiFID Ⅱ监管条例中明确规定，以下类别的经纪商都将纳入监管对象之列：

（1）零售外汇（Retail Foreign Exchange）。

（2）差价合约（CFDs）。

(3）期权（Options）、二元期权（Binary Option）。

(4）远期合约（Forward Contract）。

(5）证券（Share）。

(6）债券（Debenture）。

(7）交易所交易基金及其他衍生品（ETFs & derivatives）。

受新规的影响，非大宗场内外交易的市场接入规则、市场不同主体的平等性有所体现，同时对于客户的服务监管范围扩展至清算、结算以及相关数据等后端服务，对高频交易、算法交易的事中、事后监管能力得到体现。该项规定旨在为投资者提供更多保护，并在所有资产类别中提高透明度。

但从财富管理涉及的各项细分业务领域而言，对"脱欧"影响的评估还没有完成，大多数零售银行机构处于规划的早期阶段，或尚未着手准备，甚至到英国正式退出欧盟时，这种局面得到明显改善的希望仍甚微。退一步讲，许多机构在欧盟地区开展了大量的零售和机构业务，不希望英国"脱欧"加剧其业务运营和发展的难度。

6.2　财富管理机构更加注重客户关系

对于财富管理机构而言，在机构服务的理财师和服务人员维护客户关系所建立的专业度和信任关系是树立不同机构服务差异化更为有效的方式。与此相对应，财富管理机构的未来目标是在行业内获得超额收益和更有价值的咨询建议，并通过这些方法在客户心目中树立良好的形象。

根据 CEB 的调研数据，高净值客户使用单一财富管理机构服务的比例已由 2011 年的 55% 下降到 2016 年的 40%。在英国财富管理行业的主流客户中，不管是可投资资产在 100 万英镑以下的大众客户，还是高净值客户，都逐渐将自己的可投资资产交给不同的机构打理。这意味着客户对财富管理服务机构提供服务的要求更高。

与此同时，面对服务客户资产的传承和规划也成为服务机构提高服务的着力点，有效解决问题的机构或将建立一定的竞争壁垒。对于客户而言，需要财富管理机构帮助解决"为了可以体面退休，需要多少钱""当退休时，如何支持未来三四十年的支出水平"等问题。

6.3 金融科技的发展促进服务机构聚焦客户的服务价值

为了应对金融科技创新带来的信息科技风险、操作风险等，金融行为监管局正式启动了沙盒监管，对传统金融机构以及金融科技创新机构具有突破性创新、能使消费者受益的金融产品和服务（不包括支付服务、电子货币服务），采取降低准入门槛、放宽监管限制的措施，使其在通过规定的测试后有权进一步推广。这样既能减轻创新企业的融资压力，促使更多金融产品进入，又能有效保护金融消费者权益，维护金融系统稳定。

英国沙盒监管尤其注重对金融消费者权益的保护。金融行为监管局要求，只能对知情且自愿参加的消费者进行测试，规定消费者在测试过程中同样享受金融服务补偿计划（Financial Services Compensation Scheme，FSCS）和金融监察专员服务（Financial Ombudsman Service，FOS）的保护，并要求测试机构在此基础上制订经金融行为监管局审核的、详细的金融消费者保护及补偿方案。

6.4 独立理财顾问面临零售分销审查监管制度的深刻影响

随着英国零售分销审查制度的实施，独立理财顾问的执业环境发生了较大的变化（图1-5），行业运营压力和竞争压力进一步加大，行业毛利率进一步降低。在此背景下，财富管理服务机构和人员面临分化。

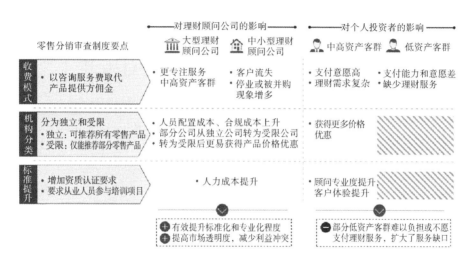

图1-5 英国零售分销审查制度对独立理财顾问的影响

注：该图数据来源于《全球数字财富管理报告》（2018）。

（1）从财富管理服务机构视角来看，财富管理机构向客户收取的咨询服务费、佣金费率水平进一步透明化，进一步促使财富管理服务行业机构出现分层，一些大型理财顾问公司更加专注高净值客群的服务，而中小型理财顾问公司则会出现客户流失或被并购的情况。与此同时，受监管规定的影响，财富管理机构的人员配置成本、合规成本将明显上升。

（2）从个人投资者视角来看，高净值客户的理财需求更为复杂，而对咨询服务成果的付费意愿更高，促使财富管理机构更加注重专业度的提升；而一些低资产规模的客户的服务需求或服务供给，则通过智能投顾获得相应的服务。

在此背景下，英国最大的独立理财师平台——AJBell 应运而生（图 1-6）。整体而言，AJBell 面向理财师和投资人提供独立的投资服务。目前，该机构服务客户的理财师和客户数量超过 20 万，平均的续用比例超过 95%。

图 1-6　AJBell 为客户提供的种类

具体而言，AJBell 的业务分为两个部分：

第一部分，服务于理财顾问，为他们提供在线交易工具和多种多样的产品（包括 AJBell 内部的被动投资基金、投资组合以及外部合作方的产品）。截至 2019 年 3 月 31 日，这部分业务服务的理财顾问数量为 93 496 人，管理的资产规模为 3 009 000 万英镑。值得一提的是，理财顾问的续用率达到 95%，说明理财顾问对其提供的在线工具和产品有较好的使用体验。

第二部分，AJBell 也为那些想要自己决策投资的人提供工具和产品，但不会给出任何推荐与建议。截至 2019 年 3 月 31 日，这部分业务服务的客户数量为 107 426 人，管理的资产规模为 97 亿英镑（图 1-7），客户的续用率为 96%。

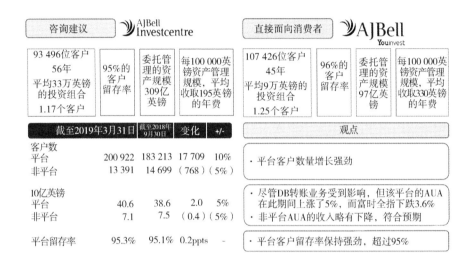

图 1-7 AJBell 业务发展状况

七、结　语

英国作为老牌金融强国，在全球金融业中的地位毋庸置疑。尽管当前面临"脱欧"以及一些地缘政治因素的持续影响，英国仍被认为是西欧地区财富管理行业最有吸引力的增长引擎之一。

相对新兴市场而言，英国财富管理行业的成熟度较高，从监管环境来看有较为清晰的监管框架，有明确的机构准入规则和管制规定，有从业人员的资格管理体系、运营流程和风险控制体系，有适当的销售法规，有成熟的投资者教育体系。特别是在监管创新领域，英国的监管可以将创新发展需求和消费者权益保护进行有效结合，并取得积极的成果。

值得一提的是，在应对一系列金融危机的过程中，英国独创的"双峰监管"架构与沙盒监管的创新举措，进一步提高了英国在全球金融市场的影响力。

具体到财富管理行业，无论是监管体系、行业自律机制，还是对理财顾问、第三方分销组织，英国都建立了监管框架体系，以投资者权益保护为根本宗旨，进而推动市场的健康发展。

本章作者简介

刘技学先生：中理职联行业研究小组研究员，复旦大学-香港大学 IMBA，现任上海融义投资咨询有限公司战略总监。15 年金融行业服务经历，目前专注于财富管理行业战略管理、高净值客户规划服务，持有 AFP™（金融理财师）资格、商务策划师、中国首批碳排放交易员。具有系统的商务策划思维，在行业研究、市场管理、战略研究、公司治理结构方面有丰富的管理实践经验。曾参与 JA 国际组织提供的理财教育服务工作，曾深度参与国家三项标准的制定过程，《中国理财师职业生态·2018》副主编。

美国：全球财富管理行业标准的制定者

一、美国理财行业发展概述

1.1 美国理财行业崛起的背景

关于美国财富管理的起源,应该从 1924 年基金概念的诞生说起。基金的出现为小额投资者进入股票市场提供了很大的便利,并揭开了美国个人财富管理"以销售论英雄"的发展序幕。1929 年 10 月末,资本主义历史上最大的一次经济危机随着美国股票市场的崩盘爆发了,这一天被称为"黑色星期四"。

关于 1929 年的经济大萧条,各派历史学家和经济学家给出的原因大相径庭。以凯恩斯主义为代表的供需驱动理论认为,市场对商品总需求的减少、国际贸易的坍塌、消费信心的大幅下降以及政府监管的不力最终导致了经济的衰退;而以弗里德曼为代表的货币主义者则认为,美国联邦储备的货币紧缩政策是将普通的经济衰退恶化为经济大萧条的"罪魁祸首"。不可否认,以上两种理论都认为政府对金融政策的干预程度对金融市场的发展产生了巨大影响。

为了保护投资者对金融市场的信心,美国国会在 1933 年通过了第一个致力于监管证券销售的联邦法令——《1933 年证券法》(The Securities Act of 1933)。这项法令要求在证券市场上交易的公司需要以投资者利益为首要考虑因素，为投资者提供公允的上市企业的基本情况和基本财务信息，提供公开说明，通过全面公开披露来消除在证券交易中由刻意隐瞒和蓄意操控而产生的欺诈行为。

1934年，美国出台《1934年证券交易法》（The Securities Exchange Act of 1934），并成立美国证券交易委员会（The Securities and Exchange Commission，SEC）。SEC作为直属于美国联邦政府的独立准司法机构，负责监督和管理美国证券市场，保护投资人，是美国证券行业的最高机构。

在《1940年投资公司法》（The Investment Company Act of 1940）和《1940年投资顾问法》（The Investment Advisers Act of 1940）中，美国证券交易委员会作为集监督管理、执行和司法多种职能于一身的独立联邦政府机关，在美国证券市场法制化和公平化的进程中起到了重大作用。

尽管美国联邦政府努力通过法律来有效监管证券市场进而保护投资者的利益，但在《1934年证券交易法》颁布之后的30年里，并没有像预想的那样改善广大中小型投资者的投资环境。对于普通的美国工薪阶层民众来说，理财可能只是一份带有保单现金价值和死亡抚恤金的人寿保险。理财师（Financial Planner）这个称谓很少被提及，人们甚至会认为理财师就是那些既可以卖保险又可以卖基金的人，而这些人通常的做法就是为客户提供人生目标（Goal Setting）的分析，并把各类保险捆绑售出去。正因为如此，很长一段时间以来，美国理财师的定义未能得到大众的广泛接受，甚至受到了负面评价。

1.2 从一个行业协会的发展看美国财富管理行业

1969年12月12日，在离芝加哥奥黑尔国际机场不远的一个酒店里，以劳伦·丹顿（Loren Dunton）为首的 13 名金融服务行业的精英聚集在一起，热烈讨论了"如何提升金融服务的专业化"这一行业命题。这些人有着共同的目标：提升金融服务的专业化，开启理财规划服务的新篇章。Brandon 和 Welch 在其著作《金融理财规划史》（*The History of Financial Planning*）中提出，正是这次会议促成了美国现代财富管理行业的正式诞生，这场被称为"芝加哥十三人会议"的会议被载入行业发展史册。会议的另一重要成果，就是一个全面统筹非营利性会员制的金融咨询协会（Society for Financial Counseling，SFC）宣告成立。

金融咨询协会有两个主要宗旨：

一是为符合法律和道德规范资质的理财顾问提供认证——国际金融理财顾问协会（International Association of Financial Counselors，IAFC）。

二是建立一个提供该认证的教育机构——国际金融咨询学院（International College for Financial Counseling，ICFC）。

1970 年，国际金融理财协会在美国、加拿大、德国、西班牙和瑞士约有 200 名会员。同年，该协会更名为国际金融理财规划协会（International Association of Financial Planning，IAFP），国际理财咨询师学院正式更名为理财规划学院（College of Financial Planning）。

在接下来的两年里，曾参加"十三人会议"的路易斯·卡恩斯（Lewis Kearns）坚信教育是提升金融服务专业化的关键，于是创建了一个由业界精英组成的教育委员会，并决定将理财规划学院设在美国科罗拉多州的丹佛。由于经费拮据，不能聘请杰出的学术专家来撰写课程大纲，路易斯·卡恩斯只好亲自编著了一份涵盖 6 个模块的学习指南。该指南结合了路易斯·卡恩斯多年来沉淀的培训手记和一部被认为是第一本将理财规划和保险规划明确区分开来的教科书《理财师指南》（*A Financial Planner's Guide*）。

有了课程大纲，路易斯·卡恩斯带领教育委员会成员于 1972 年准备了第一份含有 150 道问答题的国际金融理财师（Certified Financial Planner，CFP）资格试卷。该试卷于 1973 年成就了第一批共 42 名通过认证的国际金融理财师，自此美国理财管理行业开启了从以产品为中心的服务模式逐渐转变为以顾客需求为中心的专业化服务模式的新篇章。与此同时，美国金融理财师职业体系也初见端倪。

1973 年毕业的第一批国际金融理财师中的 36 人成立了国际金融理财师研究院（Institute of Certified Financial Planners，ICFP）。在最初的几年间，国际金融理财规划协会和国际金融理财师研究院齐头并进，致力于宣传培养更多符合资质的国际金融理财师。随着美国 1973 年经济危机的爆发，理财规划学院也遭遇了严重的资金短缺，在时任主席吉姆·约翰斯顿（Jim Johnston）的不懈努力之下才最终存活了下来。

尽管在众人的共同努力下，美国国际金融理财师资质开始从保险销售人员中逐渐剥离开来，但在最开始的几年，没有通过国际金融理财师资格考试的其他金融服务从业人员仍然以各种方式混淆视听，滥用理财师这个称谓。1971 年 10 月 1 日，美国纳斯达克股票交易所的主席高登·麦克林（Gordon Macklin）向所有该交易所挂牌的公司发出通知：以违反欺诈条款为由，禁止证券交易经纪商（Broker-Dealer）称呼自己为理财规划专家。1974 年年底，美国纽约证券交易所（New York Stock Exchange）也发出重要声明：正式允许通过国际金融理财师资格考试的从业人员在其名片上使用带有 CFP 标识的信息。

1979 年，来自堪萨斯州的 35 岁的年轻学者威廉·安塞斯（William Anthes）博士接过了领导理财规划学院的重任。在短短的几年时间里，威廉·安塞斯在外与多所大学建立了合作关系，并在全国范围内授予了约 75

名独立兼职讲师为国际金融理财师学员授课的资格。即便在当时经济萎靡不振的大环境下，理财规划学院在威廉·安塞斯的领导下仍然获得了前所未有的成功。

随着越来越多的学员获得认证，威廉·安塞斯开始关注两个必须要面对的问题：第一个问题是开始收到关于对已认证理财师不端行为的指控。这让他意识到，他所领导的理财规划师学院不能兼任监督理财师的职责。威廉·安塞斯和他的同事开始讨论是否应该建立一个独立的组织，专门负责调查和监督所有理财师资格证获得者的行为准则。第二个问题是CFP认证标志所有权的问题。由于纽约长岛艾德菲大学（Adelphi University of Long Island City，New York）未经允许私自授予该学校理财专业毕业生CFP资质，一场关于谁拥有CFP认证标志所有权的案件也拉开了序幕。

在长达几年的诉讼之后，威廉·安塞斯于1985年成立了国际金融理财师标准和实操委员会（International Board of Standards and Practices for Certified Financial Planners，IBCFP），后更名为国际金融理财标准委员会（Certified Financial Planner Board of Standards，Inc.）。实践证明，此举很好地解决了上述两个问题。

国际金融理财标准委员会是作为一个独立的非营利性机构出现的，当然也独立于国际理财师学院之外，拥有CFP认证标志。国际金融理财标准委员会的主要功能有两个：一是负责对国际金融理财师资格证的考核和监督，并在此过程中允许其他符合资质的高等教育学院在该委员会进行注册；二是有对严重违反国际金融理财师职业准则的持证人员予以撤销资格的权力。

正是威廉·安塞斯这一果敢的举动，让理财师学院和国际金融理财标准委员会分割开来，各司其职，不仅从长远的角度出发无私地解决了

"CFP 认证标志应该属于一个独立机构"的问题，为美国金融理财行业的发展和建设奠定了良好的基础，也为日后 CFP 标志走向世界埋下了伏笔。1985—2015 年，该委员会注册的国际金融理财师从 10 000 名增长到 71 000 名；截至 2018 年 10 月，增长至 82 094 名，已遍布 24 个国家。

国际金融理财标准委员会发展演变示意图如图 2-1 所示。

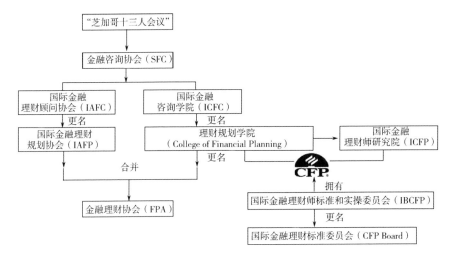

图 2-1　国际金融理财标准委员会发展演变示意图

二、理财师职业化标准的发展

美国金融理财行业从保险行业中挣扎而出，初衷在于提升行业的专业服务能力，为大众提供"以客户为中心"并以客户人生为长度的理财规划服务。在随后 50 年的发展历程中，美国金融理财行业的先驱们不忘初心，不断完善理财规划师的职业标准，并使之成为全球财富管理行业发展的标杆。

一个被大众所接受的带有专业技能的职业一般包括：教育、考试、经验、道德、约束、认证、公平公开的收费标准、政府的监管、为社会所带来的利益以及是否受到公众的认可。

在过去的 30 年间，国际金融理财标准委员会也将国际金融理财师资质从教育（Education）、考试（Examination）、经验（Experience）和道德（Ethics）四个层面逐渐完善（又称"4E 标准"），形成"一个职业，一个认证"（One profession, one designation）的职业标准体系。

同时，国际金融理财标准委员会所建立的监管和约束理财师的道德行为准则（Code of Conduct）则明确提出了国际金融理财师合理化、透明化的收费标准。

2.1 教育层面

要使金融理财规划师成为被大家认可的正式职业，必须建立严谨的教育体系。在美国，最开始是由理财规划师学院独家授权 CFP 认证教育，到 20 世纪 90 年代后期，可提供 CFP 认证教育的院校已达到数百所。2000 年，德州理工大学（Texas Tech University）设立第一个金融理财规划博士点，开启了美国金融理财这门专业学科从无到有的历史。截至 2008 年，美国已经有 341 个在国际金融理财标准委员会注册的项目，分布于 213 所大学，其中约有 91 个本科专业、46 个硕士专业和 4 个博士专业。

2.2　考试层面

从考试层面来讲，为了确保理财师的职业素养达到一定高度，国际金融理财师的考试设计兼顾理论和实践。最开始的教学大纲主要包含六门核心课程："理财规划基础""风险管理""投资""税收规划""退休和员工福利""遗产规划"。学生上完每门课之后，都会进行考试。

但随着时间的推移，国际金融理财师考试也逐渐发展起来，理财师委员会开始寻求更加标准和严格的考试方法，即一个全面综合的统一考试。这个设想于 1991 年实现，从此国际金融理财师考试与其他标准化资格考试一样，从一个单纯的教育测验提升为考察金融理财实操能力的全面测验，考试改为综合型（6 个部分一起考），考试时间为 1 天，共 10 个小时。

从考试的经验要求来看，第一批参加国际金融理财师考试的人大部分是证券公司的投资顾问和保险公司的保险顾问，这些人通常已在相关行业工作数年。国际金融理财标准委员会于 1989 年要求本科学历的考生至少要拥有 3 年金融理财行业工作经验，而没有本科学历的考生则至少要拥有 5 年金融理财行业工作经验。国际金融理财师考试也于 2007 年正式提出至少要具有本科学历的最低教育要求。这一系列教育和经验上的改变使美国职业金融理财师从业余走向专业，也吸引了更多接受过系统教育的人才把理财师作为第一职业选择。

2.3 职业道德标准和约束

经过一些波折和认真探讨之后，国际金融理财师研究院和国际金融理财规划协会于 2000 年正式合并为金融理财协会（Financial Planning Association，FPA）。该协会致力于建立和提升金融理财规划的价值，并宣传和树立国际金融理财师为金融理财行业基石的理念。

金融理财协会为金融理财师会员建立了 4 个核心价值：胜任能力（Competence）、正直诚信（Integrity）、客户关系（Relationships）、管家服务（Stewardship）。从创立至今，金融理财协会已拥有近 24 000 名会员和 86 个分部，为年轻的理财师提供职业发展和规划建议，并提供实习和工作平台，成为现今美国金融理财行业最具影响力的组织之一。

从美国金融理财行业的发展进程来看，最艰难也是最重要的就是理财师道德标准的建立和约束。早期建设金融理财行业的前驱们深知，作为一个以专业知识和技能见长的服务行业，如果想被大众认可，必须建立一套明确的道德标准。早在 1975 年，理财规划师学院便提出了将定义、维护、促进理财师职业道德行为规范作为使命之一。

然而，早期制定的道德行为准则并没有得到真正规范的监督和执行，直到 1978 年，第一例国际金融理财师因为触犯多州法律被撤销理财师资格，这代表理财师职业道德准则并不是纸上谈兵。1985 年，国际金融理财标准委员会从理财规划师学院手中接过建立、监督和执行理财师道德行为准则（Code of Conduct）的重任，将其重新改进，细分为 7 个主要原则：

(1) 正直（Integrity）。

(2) 客观（Objectivity）。

(3) 能力（Competence）。

(4) 公平（Fairness）。

(5) 保密（Confidentiality）。

(6) 专业（Professionalism）。

(7) 勤奋（Diligence）。

任何触犯理财师道德行为准则的国际金融理财师，都将面临公开指责、暂停资质、废除和禁止使用CFP标志的处罚。

国际金融理财标准委员会，这个独立于理财规划师学院之外新成立的组织，建立了完整的处理疑似触犯理财师道德行为准则事件的标准流程，从同行审批到公开严肃的调查，都体现了一视同仁、公平公开公正的原则。其中，最著名的案例是1987年曾经担任第二届理财师规划学院主席的托尼·佐尔格（Tony Sorge），因贪污受贿、违反理财师道德行为准则而被永久撤销其理财师资质和CFP标志使用权。直至今日，国际金融理财标准委员会仍会在其每月的董事会报告中公开对所有当月被调查者的处罚决定，并在网站上设有查询历史处罚结果的名簿，方便用户确认。

20世纪90年代初期，在原有的7个主要原则的基础上，国际金融理财标准委员会对国际金融理财师的道德行为准则又进行了更高层次的修订，这次修订被认为是信托责任（Fiduciary Duty）的启蒙。1993年，国际金融理财标准委员会的前身国际金融理财师标准和实操委员会就开始采用道德规范与职业守则（The Code of Ethics and Professional Responsibility），将理财师的道德行为标准划分为原则和规则，增加了术语部分，并进行了实质性的修订。

1995 年，国际金融理财标准委员会郑重宣布其专业监管的地位，并开始筹划一个新的任务——制定金融理财师专业的实践标准。该标准描述了国际金融理财师提供金融理财规划流程的 6 个相关专业服务步骤的最佳实践，包括每个标准与道德规范的关系。鼓励所有从事金融理财相关业务的专业人员遵循这些标准，要求从事金融理财规划的理财师遵守最佳实践标准。

1998—2001 年，国际金融理财标准委员陆续完成金融理财规划 6 个步骤的最佳实践标准，于 2002 年正式启用并生效。2007 年，经过一系列实质性的修订，国际金融理财标准委员通过了现行的职业行为标准，规定了道德规范与职业守则中约束行为准则的部分。随后，国际金融理财师的道德标准——信托（Fiduciary）义务于 2008 年被修订并采纳。这一重要的道德标准规定，理财师要以最大的诚信将客户的最佳利益放在首位。该义务在行为准则 1.4（Rule 1.4）中被详细阐述为：国际金融理财师应当始终将客户的利益置于其自身利益之前。为客户提供理财规划或理财规划过程中的重要信息时，国际金融理财师应自动向客户履行信托义务。

2008 年 8 月，金融理财协会进一步阐述信托义务，所有的会员，无论是否为国际金融理财师，在提供金融理财服务时均须遵守以下标准：

（1）将客户的最佳利益放在首位。

（2）以最大诚信谨慎行事。

（3）不误导客户。

（4）提供全面、公平的材料信息。

（5）公开、公正地处理所有利益冲突。

值得一提的是，除了国际金融理财师，美国金融业监管局（The Financial Industry Regulatory Authority，FINRA）在其官网上公布了 80 多个金融服务业认证，其中最有可比性的竞争对手有两个：由美国注册会计师协会（The American Institute of Certified Public Accountants，AICPA）授予的个人理财专家（Personal Financial Specialist，PFS）和由美国大学（The American College）授予的特许财务顾问（Chartered Financial Consultant，ChFC）。尽管如此，40多年来，国际金融理财师认证（CFP®）仍获得了极大的发展，成为个人金融领域最权威、最被广泛认可的专业认证之一。

2.4 理财规划服务的定义

关于什么是理财规划，国际金融理财标准委员会在其修订后的道德规范文件中如此定义："个人理财规划（Personal Financial Planning）或者理财规划（Financial Planning）是指通过适当管理财务资源来决定个人是否可以和如何实现其人生目标的过程。"

这一定义在全球各国各地区对理财规划服务进行本土化实践的过程中都有一定的变化和发展，但毫无疑问，国际金融理财标准委员会的定义对理财规划的标的（客户一生的财务资源）和理财规划服务的目标（实现客户人生财务目标）做出了明确的定位。

同时，理财规划服务的定义对监管过程中在界定理财师是否向客户提供了理财规划服务或理财规划过程中需要的资料时，也提出了几个可供考虑的内容：

（1）客户在与理财师接触时的意图和理解。

（2）涉及多个财务规划领域的程度。

（3）数据收集的复杂程度。

（4）所给建议的广度和深度。

2.5　理财规划服务的流程

多年来，随着时间的流逝和大众需求的变化，理财规划服务的标准化流程也在逐步蜕变。20 世纪 70 年代初期，以路易斯·卡恩斯为首的理财规划师学院教育委员会将理财规划流程描述为：

（1）收集和评估客户财务和个人信息。

（2）咨询客户财务目标和备选方案。

（3）创建财务管理计划。

（4）协调涉及他人的财务计划要素。

（5）根据内部和外部的变化保持长期财务计划的最新状态。

随后，国际金融理财标准委员会于 1995 年开始改进理财规划流程标准，并将路易斯·卡恩斯等行业先驱提出的 6 个要素涵盖其中，最终于 2008 年完善了理财规划服务标准化流程，并沿用至今。这一标准化流程主要包括以下内容：

（1）建立和确认客户-理财师的关系。

（2）收集包括客户目标的数据。

（3）分析和评估客户当前财务状况。

（4）制订和提出理财规划建议和备选方案。

（5）实施建议。

（6）监测建议。

三、美国政府对金融理财行业的监管和影响

3.1 美国金融监管的大背景

纵观美国政府在历次金融危机之后的大动作不难发现，虽然其针对现代经济发展过程中所出现的问题采取了"亡羊补牢"之举，但新的问题总是在不断产生。

1933 年，为了缓解经济大萧条银行倒闭危机，《格拉斯-斯蒂格尔法案》（Glass-Steagall Act，GSA）规定，将美国投资银行业务和商业银行业务严格划分开，保证商业银行不涉及证券市场的风险，禁止包销和经营公司证券，只能购买由美联储批准的债券。此外，还特别设立了美国联邦存款保险公司（Federal Deposit Insurance Corporation，FDIC），为商业银行储户存款进行担保，保额当时为 2500 美元，2008 年增加至 25 万美元。

该法案不仅对美国金融业产生了重大影响，也引领了日本和韩国等国家采取同样的银行和证券分业管理和经营的金融体制。《格拉斯-斯蒂格尔法案》实施了 66 年，由于很多商业银行不满足于低利润的银行零售业务，开始怂恿政府废除该法案，最终于 1999 年国会通过《格雷姆-里奇-比利雷法》（Gramm-Leach-Bliley Act），废除了不许商业银行从事证券业务的规定。废除的主要原因是这种对商业银行的束缚已经不适合现代金融形势的

发展。实际上，新法案仅仅废除了《格拉斯-斯蒂格尔法案》的一部分，即一个公司不能同时控制一个商业银行和一个投资银行，支持废除的人认为这对金融系统的影响不大。

然而 10 年后，事实给了他们沉重的一击。不少专业人士认为，废除《格拉斯-斯蒂格尔法案》或最终导致了同一机构对借款和投资的利益冲突，即美国资产最大的商业银行可以签署和交易抵押贷款证券化（Mortgage-Backed Securitization）和债务担保证券（Collateralized Debt Obligation）。这种去除了监管束缚、放松管制下的爆发性增长是不可持续的，当金融扩张的速度和幅度明显大于其所服务的实体经济，房地产泡沫破裂，多重委托代理关系的链条断裂，2008 年国际金融危机便爆发了。

于是，在 2008 年国际金融危机之后，奥巴马政府提出了针对雷曼兄弟这种"太大而不能倒"的金融机构的金融监管方案，签署了以康涅狄格州参议员克里斯·多德（Christopher J. Dodd）和马萨诸塞州众议员巴尼·弗兰克（Barney Frank）命名的《多德-弗兰克华尔街改革和消费者保护法》（Dodd-Frank Wall Street Reform and Consumer Protection Act）。该法案的主要内容如下：

（1）沃尔克规则（Volcker Rule）。沃尔克规则意味着美国金融监管重回《格拉斯-斯蒂格尔法案》。该法则明确限制银行的投资方式，具体表现在："限制投机交易并禁止自营交易""限制对冲基金和私募股权基金的投资"。这一规则将能有效地将银行投资和商业功能分开，削弱大型金融机构在为客户提供存款服务的同时采用风险交易技巧和策略的能力。

（2）成立消费者金融保护局（The Consumer Financial Protection Bureau，CFPB）。该局于 2011 年 7 月 11 日成立，是一家独立的金融监管机构，主要负责监管金融消费市场，包括房屋贷款、学生贷款和信用卡债务。

（3）对银行资本和流动性的要求。美国联邦储备委员会为银行和其他存款机构设定了必须具备的资本金额和类型的新标准，规定包括花旗银行、美国银行和高盛在内的大型金融机构应持有至少 9.5% 的流动资产（如现金或政府债券等风险较低的资产）。该规定的主要目的是降低金融机构的杠杆率[一]。根据国际标准，该规则将在滚动基础上生效，最大的金融机构被要求在 2019 年之前达到新的标准。

（4）建立金融稳定监督委员会（The Financial Stability Oversight Council，FSOC）。该委员会是由美国财政部负责人、联邦储备委员会成员和保险专家组成的跨部门组织，主要负责识别金融机构对美国金融稳定性的风险以及金融部门以外的稳定性风险，找出具有系统重要性的金融机构，为联邦储备委员会对这些机构的进一步监管提供信息，增强金融市场的纪律意识。

（5）增加衍生品法规。为防止"太大而不能倒"的金融机构对整体经济造成破坏性的打击风险，《多德-弗兰克华尔街改革和消费者保护法》赋予证券交易委员会和商品期货交易委员会（The Commodities Futures Trading Commission，CFTC）监管场外交易（Over-the-Counter，OTC）[二]衍生品交易的权力，并要求参与衍生品业务的机构使用清算所[三]进行交易，通过对这些机构进行信用监督和要求抵押存款降低市场的整体风险。如果这些机构违约，清算所将用充足的资本支付损失。

（6）成立由美国证券交易委员会领导的信用评级办公室。主要目的是完善信用评级，通过制定严格的规定提高各信用评级机构评估的准确性，

㊀ 如果金融机构的杠杆率为 50:1，那就意味着他们要用 1 美元的资本来抵御每 50 美元的负债。
㊁ 指证券投资机构之间不通过股票交易所，而以电话、电传等私人方式协商和执行的股票交易。
㊂ 清算所是金融工具买卖双方之间的中间人，是交易所的代理或独立公司，负责结算交易账户、清算交易、收取和维持保证金、管理买卖交割工具的交付、报告交易数据。

为其服务的政府及其他实体机构和组织提供有意义和可靠的信息，从而加大对投资者的保护力度。

（7）"太大而不能倒"机构的"遗嘱"。赋予美国联邦存款保险公司FDIC有序清算的权力，在不破产的情况下处理即将倒闭的大型金融机构的方案。要求大型金融机构制订详细的计划，说明如何在不污染整个金融体系的情况下管理自己的失败，以避免政府在此类机构出现问题时只能无可奈何地提供昂贵的帮助代价。

根据《多德-弗兰克华尔街改革和消费者保护法》第410条规定，从2011年7月开始，美国各个州将负责注册和监督管理资产在2500万美元至1亿美元之间的投资顾问公司，而美国证券交易委员会则监督管理着客户资产为1亿美元以上的投资顾问公司。

3.2 美国对理财师的监管框架

美国证券交易委员会规定，理财规划通常包括就证券、保险、储蓄和退休计划提出的一般性或具体建议。对理财师的主要监管来自联邦政府和各个州对投资顾问的法律规定，而不是对理财师本身进行直接监管。也就是说，这些法律和法规适用于与证券有关的提供投资建议的个人和公司。此外，如果该理财师还销售证券或者保险产品，必须遵守适用于经纪-经销商和保险代理人的相关法律，而理财师所使用的称谓和宣传材料也同样需要受相关法律监管的约束。

从政府监管的角度来看，理财规划服务发生的领域不同，其主要监管部门和行为标准也有所不同。消费者可能不了解理财规划师在建议和销售产品时所存在的利益冲突，而以投资顾问、经纪自营商和保险代理人等不同身份对客户进行理财规划行为时，所监管的机构和法令以及行为标准也有所不同。

以下是美国对在不同领域提供金融服务行为的监管架构：

（1）投资顾问。如果理财规划服务主要是与证券投资相关的建议，包括投资产品的建议和非证券投资的建议，那么此类活动在联邦政府的级别主要受到《1940年投资顾问法》和美国证券交易委员会的共同监管，在州一级主要受国家证券法的监管，监管的执行机构也分别为美国证券交易委员会和各个州的证券监管机构。投资顾问所遵循的行为标准为信托标准（Fiduciary），即必须以客户的最佳利益行事，确保建议符合客户的目标，并向客户披露所有利益冲突。

虽然之前美国证券交易委员会对投资顾问公司的监督包括审查对客户披露重要信息以及对违反证券法行为的调查和制裁，甚至会采取具体步骤审查投资顾问的理财规划服务，如审查公司为其客户准备的理财计划样本，评估这些建议（包括投资建议）是否符合客户的目标，公司的合同，以及向客户提供的服务是否一致。但实际上，由于投资顾问行业需求的增长和美国证券交易委员会执法人员的减少，该机构因受到严重的资源限制，而无法对所有投资顾问公司一一进行有效和足够频率的检查。

（2）经纪自营商。如果理财规划服务主要是针对特定证券产品的建议，如购买或出售证券产品，或售卖变额人寿保险，那么此类活动在联邦政府的级别主要受到《1934年证券交易法》、美国证券交易委员会以及美国金融业监管局的共同管制，监管的执行机构为美国证券交易委员会、美国金融业监管局和各个州的证券监管机构。经纪自营商所遵循的行为标准为适用性（Suitability）标准，即必须给客户推荐合理的产品。与信托标准不同的是，适用性规则并不强制要求满足客户的最佳利益，而对利益冲突的披露也只在具体情况下才需要。

（3）保险代理人。如果理财规划服务主要是关于保险产品的建议和出售保险产品，那么此类活动主要受各个州保险机构的监管。保险代理人所遵循的行为标准因产品和所属州而异，如果该州采用针对某种保险产品的行为标准，保险代理人则遵守适用性标准。

四、美国理财师职业化生态

4.1 美国理财师职业化生态概述

根据美国劳工统计局（The Bureau of Labor Statistics，BLS）公布的信息，2017年美国金融理财师的中位数薪酬为90 640美元，时薪约为43美元。其中，金融理财师就业率排名前五的州依次为：纽约州、加利福尼亚州、佛罗里达州、德克萨斯州和伊利诺伊州。2016—2026年，预计个人金融理财顾问的就业率将增长15%，远高于其他职业的平均水平。美国劳工统计局认为，人们未来10年对金融理财规划的需求或增加的主要原因可以归结为以下几点：

（1）人口老龄化。"婴儿潮"（Baby Boomer）一代接近退休。

（2）寿命延长导致退休期延长。理财规划周期延长。

（3）从定额养老金计划（Defined Benefit Plan）转为定额供款计划（Defined Contribution Plan）。使用个人退休账户（Individual Retirement Account）取代传统养老金计划的人数增加，个人需要为自己的投资决策负责。

截至2018年10月，国际金融理财标准委员会已授予82 094名国际金融理财师，密度较高的地区依次为：加利福尼亚州、德克萨斯州、佛罗里达州、纽约州。

在现有的国际金融理财师中,约76.87%为男性,约23.13%为女性,所以整个美国金融理财行业鼓励和需要更多的女性加入,各个大学现有的金融理财专业也因此非常重视学生的多样性。

美国国际金融理财师的年龄分布见表2-1。总体来说,30~50岁的约占46%,50~60岁的约占24%,高于60岁的约占24%。

美国国际金融理财师的教育程度分布见表2-2。从学历来看,大多数理财师具有大学本科学历,与CFP考试最低学历为本科的要求相符合。

表2-1 美国国际金融理财师年龄分布

年龄	人数(人)	占比(%)
其他	1277	1.56
20~29	4050	4.93
30~39	17 224	20.98
40~49	20 228	24.64
50~59	19 912	24.26
60~69	15 027	18.30
70~79	4038	4.92
80+	338	0.41

注:资料来源于美国劳工部网站 https://www.bls.gov/ooh/business-and-financial/personal-financial-advisors.htm。

表2-2 美国国际金融理财师教育程度分布

学位(Degree)	人数(人)	占比(%)
修满两年大学肄业证书(Associate)	927	1.13
学士学位(Bachelors)	52 510	63.96
硕士学位 Masters)	22 840	27.82
博士学位(Doctorate)	830	1.01
法学博士(Juris Doctor)	2159	2.63
无学位(No Degree Indicated)	279	0.34

4.2 美国金融科技对财富管理行业发展的影响

20世纪70年代，打字机、笔、图章和纸是大多数美国办公室的基本配置。在美国财富管理行业发展的起始阶段，计算机是大多数理财规划师无法企及的。由于理财规划过程涉及大量的数据和表格，硬件设施的不完善大大限制了理财规划师的服务速度和质量。直到1981年IBM个人笔记本上市，将原本只有在大型计算机上存在的功能带到了个人桌面上，尝试减少理财规划师对纸质文件和手写表单的依赖。1983年，电子表格莲花1-2-3（Excel的始祖）的出现大大提高了理财规划师对客户数据信息的处理速度。随后，一些针对理财规划师的软件陆续出现。今日，美国理财软件已经经历了从单一化到多元化、从独立封闭式到整合开放式的软件设计模式。美国理财公司使用的理财软件也从之前的一两个软件发展为现在的由多个软件组成的金融理财软件科技平台。总体来说，美国理财公司所使用的软件分为以下几个大类：客户关系管理（Client Relationship Management，CRM）、理财规划（Financial Planning）、投资组合管理（Portfolio Management）、办公辅助（Office Support）、调研和特殊用途（Research and Specialty）。

客户关系管理软件（CRM）包含的内容远远超过了首字母缩写代表的内容。在美国金融理财行业中，客户关系管理软件首先出现在注册投资公司（Registered Investment Advisors，RIA），而第一批用于这些公司的软件并不是为金融服务行业量身定做的，所以很快就显现出功能上的不足。随着金融理财行业的发展，截至今日，已经有30多个客户关系管理软件专门为理财公司和理财规划师提供客户关系管理服务。虽然他们的规模和收费标准不同，但都拥有一般理财规划师所需要的客户关系管理功能，如完成理财师与客户的会议记录、跟踪和归档与该客户相关的电子邮件,并作为电子存储库扫描和存储相关文件,根据设定的搜索条件在存储的数据库里搜索相应的客户信息。相对复杂一些的客户关系管理软件,还可以设定用于理财公司内部管理的工作流程,便于将理财规划服务落实到每个员工的工作任务上并标注需要完成的工作日期。2019 年美国金融理财软件调查结果显示,市场份额位于前三名的 CRM 分别为:Redtail(约占 56.9%)、Salesforce(约占 8.01%)、Junxure(约占 6.25%)。其中,Redtail 的使用满意度位居榜首。

理财规划软件的出现改变了理财规划师用纸、笔、计算器完成理财规划的传统方式,大大延长了理财规划服务的周期,提升了对未来不确定因素下现有规划成功率的预估能力。

Financial Profiles 创立于 1969 年,是最早的专门用于理财规划的软件之一。随后,MoneyTree 和 MoneyGuidePro 等理财规划软件问世,开启了理财规划师用金融软件完成理财规划的新篇章。在理财规划软件的帮助下,理财师的工作重心也由账户管理转为帮助客户实现人生目标。一般来说,理财规划软件主要包括以下几个功能:存储基本客户信息(包括各种资产、负债以及各种保险和养老金账户),设定基本经济指标,评估客户的风险承受度,帮助客户制定人生目标(包括养老计划和其他)。

除此之外,现在市面上的理财规划软件通常还包括蒙特卡洛模拟(Monte Carlo Simulation)功能,为理财规划师提供了分析和评估客户退休投资组合是否足够持续到计划周期的机会。简单来说,蒙特卡洛利用历史投资回报数据模拟出成千上万次的市场走向,如果一个投资组合通过 1000 次模拟回报,1000 次的最后结果都可以支撑该客户到其计划周期结束,那么该退休投资组合成功的概率为 80%。

理财规划软件在起初被划分为明确的两大类：基于人生目标（Goal Based）的理财规划软件和基于现金流（Cash Flow Based）的理财规划软件。这两类软件的主要区别在于到底是什么在驱动整个规划流程：前者是以完成客户人生目标为中心分配或创造相应的资源，后者则是以保证客户现金流为前提合理运用所有资源并最大化客户收益。从美国金融理财规划的初衷来看，基于人生目标的理财规划软件更符合大多数理财规划师的理念，也正因为如此，MoneyGuidePro 在问世以来就得到市场的青睐。2019 年美国金融理财软件调查结果显示，市场份额位于前三名的理财规划软件分别为：MoneyGuidePro（约占市场份额的 25.69%）、eMoney（约占市场份额的 22.93%）、RightCapital（约占市场份额的 4.87%）。

投资组合管理软件，有时也被称为财富管理软件，其主要功能包括：跟踪和管理投资组合，如股票、债券、基金等；汇总多方数据资源，为理财师提供对投资组合进行分析和构建的工具；提供金融投资产品交易和管理现金股息和投资记录的功能；提供详细的投资组合报告，如税收表或预计现金流表；为理财师提供详细的客户收费报告。投资组合管理软件通常是理财规划公司里最昂贵的资产，因为它不但包含各种投资产品的详细数据，还提供各种分析投资组合的图表和报告。其中，比较著名的是晨星投资管理软件（MorningStar Office），为理财师提供了研究各类产品、设定符合其投资理念的筛选标准，通过筛选来构建定制化投资组合的功能。投资组合管理软件提高了理财师对客户投资资产管理和规划方面的能力和质量，为实现客户的最终人生目标设定相应的投资组合，大大提升了理财师在理财规划中的专业价值。根据 2019 年美国金融理财软件调查结果，市场份额位于前三名的投资组合管理软件分别为：Albridge（约占市场份额的 20.41%）、MorningStar Office（约占市场份额的 16.92%）、Envestnet/Tamarac

（约占市场份额的 13.85%）。紧随其后的还有 Orion Advisor Services 和 Schwab PortfolioCenter。可以看出，在现阶段理财软件中，投资组合管理软件的竞争是比较激烈的，占据市场份额前五名的软件公司都有可能成为这个领域的领头羊。

办公辅助软件，从字面上理解是辅佐理财规划公司日常运营的一类软件，如电子资料的管理和存储、电子表格的自动生成和在线填写、对填写后的表格进行分析和处理。这类软件通常可以很好地与之前提到的软件进行信息提取和交互，以完善整个理财规划公司的金融科技平台。

调研和特殊用途的软件主要包括风险评估软件（Risk Analysis）和资产配比再平衡软件（Rebalancing）。这类软件每年的更新速度很快，涉及的功能和领域最多变和富有创新思维。近年来比较突出的风险评估软件有 Riskalyze Stats/Scenarios 和 DFA Returns，而比较突出的资产配比再平衡软件有 iRebal、MorningStar TRX、Trade Warrior。

如前所述，美国理财公司现在所使用的金融科技软件已经不仅仅是单一的某一个或者某两个，而是由多个具有不同功能的软件所组成的金融科技平台。在这个平台上，不同类别的软件各司其职，力图实现不重复录入数据、即时同步数据、准确调取数据、根据需求分析数据、生成金融理财相关的报告和图表，以辅佐理财师为客户提供高质量、高效率的理财规划服务。为达到这一目标，金融科技平台上不同软件之间的整合和交互尤为关键，理财规划公司理想状态下的金融科技平台各类软件关系如图 2-2 所示。

毫无疑问，金融科技的创新和发展改变了美国理财师的服务质量、模式和范围，尤其是提供了更符合年轻一代客户习惯和理念的理财规划形式。美国金融科技领域发展迅速，范围比大多数理财师所能意识到的更加多样化。新一代理财师比老一代理财师更加重视理财规划服务的科技感，

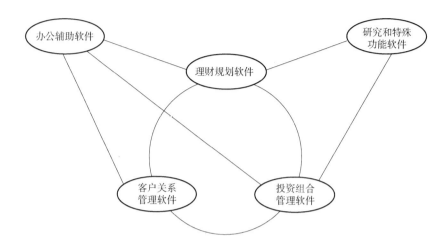

图 2-2　理财规划公司理想状态下的金融科技平台各类软件关系

成为消费这些金融科技产品的主力军。在全球范围内，仅 2018 年上半年金融科技公司吸引的资金投入就高达 579 亿美元，其中美国金融科技公司吸引的资金约为 142 亿美元。

虽然金融科技的发展速度飞快，但大多数理财师并不认为他们的工作会被理财软件或所谓的智能投顾取代，然而不能与时俱进合理使用这些理财软件的理财师将面临较大挑战。

本章作者简介

毕倩雯女士：中理职联行业发展小组特邀研究员，犹他谷大学伍德博瑞商学院（Utah Valley University Woodbury School of Business）副教授，博士，金融经济系主任，金融科技研究中心主任，从事理财规划软件教学10年，从2014年  至今担任犹他谷大学"金融科技在个人理财规划中的运用"课程的学术带头人，长期致力于"人工智能、区块链、大数据、机器学习等信息科学技术在金融理财规划服务行业中的影响和应用"研究。所著论文《金融软件和退休储蓄计划》获得美国金融咨询规划和教育协会（AFCPE）年会的研究会杰出论文奖。2019年发表的文章《公众可获得的退休计划工具的效率》在5天内被下载近3000次，位列美国社会科学研究网络周报（SSRN）前5名，并被《华尔街日报》等金融报刊广泛转载。作为理财规划领域的金融科技专家，曾多次在"今日科技工具年会"（Technology Tools for Today Conference）上发表演讲，并参与制定全美K-12财商教育标准。近年来，作为美国专家教授积极参与撰写国内财商教育项目，并多次在国内知名大学客座教授"金融理财"和"金融科技"等相关课程。

澳大利亚：金融服务业制度建设的领跑者

一、澳大利亚理财行业发展简述

澳大利亚的现代理财行业出现于 20 世纪 70 年代末。在此之前，大多数澳大利亚人会在需要时分别向银行从业人员、会计师和保险代理人等专业领域的传统财务顾问进行咨询并获得建议。传统财务顾问在营销推广产品和服务的过程中获得巨大利益，成为既得利益者，被公众认为他们忽视了客户的体验和权益保护，并被社会抱以极大的偏见。传统顾问模式受到了严重的挑战，消费者对这些传统财务顾问的不信任与日俱增，同时，国家税收和社会制度的复杂性日益增加，也使得澳大利亚人需要更加综合的财务咨询服务。

在此背景下，"理财规划行业"（Financial Planning Industry）和全新的职业"理财规划师"（Financial Planners）应运而生。与传统的财务顾问相比，这些理财规划师不仅有更广泛、更高层次的专业知识，而且在一定程度上摆脱了困扰传统财务顾问的社会偏见；同时，市场上更为人性化的产品和服务也不断涌现，并得到快速发展，社会对理财规划师的需求猛增。据统计，1997—2004 年，理财规划师作为主要财务顾问的使用率增加了 19% 以上，理财规划行业的重要性得到广泛共识。

早在 20 世纪 80 年代，主要金融机构（如银行和保险公司）以外的独立财务顾问就成立了一个行业组织，称为"独立专业顾问协会"（Association of Independent Professional Advisors，AIPA）。随后，澳大利亚加入国际金融理财师协会（IAFP），并开始颁发国际金融理财师（Certified Financial Planner®或CFP®）证书。1992年，两个协会合并成立澳大利亚理财规划协会（Financial Planning Association，FPA），开始为通过教育和考试并有一定经验的理财规划师颁发国际金融理财师证书。在这以后，理财规划师协会（FPA）作为行业自律组织在行业发展过程中扮演了重要的角色。

1996年，澳大利亚理财规划协会颁布了一份报告（Birkett Report），明确了专业理财规划师所需要的专业知识和胜任技能，这些专业知识和技能大大超出了人们印象中金融产品销售所需的技巧。与此同时，几家大学开始提供相应的课程以满足这些胜任能力的要求，院校和学术界的介入在一定程度上提升了行业的声誉和形象，并使理财规划（Financial Planning）作为一门独立的学科得以确立。同时，CFP认证教育和考试也与"理财规划副学士"⊖的学历挂钩，大量只有高中学历的理财师得到了获得中高等学历的机会。

在澳大利亚，最先意识到"传统财务顾问在各自领域中为他们的客户提供建议，而客户真正需要的却是更加完整的财务方案"这一痛点的是保险从业人员，一些几乎没有受过专业训练的独立保险顾问开始担任这一职能。当然，当客户有其他的专业需求时，他们也会介绍其他领域的专家给客户。

20世纪80年代，已经有越来越多的储蓄、分红和养老保险产品出现在市场上，而1992年颁布执行的《1992年职业养老金保障法令》（Superannuation Guarantee（Admin）ACT 1992）则使得强制退休金制度（Superannuation System）和退休金基金（Superannuation Funds）⊜得到全面推广。

⊖ Diploma of Financial Planning，类似中国的大专文凭。
⊜ Superannuation Funds，是澳大利亚独有的退休金基金，有诸多税务上的优惠政策和相关的法律法规，并形成了一套独有的退休金体系。

销售这些产品能获得丰厚的佣金，并因此提高了保险公司采用"以产品销售为导向"的佣金模式的主观意愿，但这种商业模式显然为行业后期的发展种下了不良的基因。

尽管如此，由于那个时期的金融监管松绑（deregulation）、国有资产私有化（privatization）、强制退休金制度和退休金基金的推广，以及相关个税制度的改革，理财规划行业在此后相当长的一段时间内还是得到了非常快速的发展。除了传统领域的保险公司，券商、银行等大型金融机构以及第三方财富管理机构也先后进入理财规划服务市场，并涉足开放式基金和退休金基金的销售。

"以产品销售为导向"的商业模式所带来的道德风险，以及随着越来越多的资金投入退休金基金和开放式基金，基金在投资过程中无法规避的短期波动，均在一定程度上引发了金融消费者的质疑和焦虑。于是，理财规划行业"以产品销售为导向"的商业模式与当年的传统财务顾问一样开始受到越来越多的质疑，行业诚信受到极大的挑战。

由于直接面对公众并对其投资行为有较强的影响力，成为资产管理行业的销售渠道并从中获得巨额收益，理财规划行业的重要性及其快速发展的势头，引起了金融监管单位和立法部门的高度重视。在随后历时 20 年的持续改革和监管过程中，金融服务行业及其理财规划行业成为澳大利亚监管最严格的行业之一。

1996 年，澳大利亚联邦政府成立了"沃利斯咨询"（Wallis Inquiry）小组，对市场进行全面盘点，将保险和退休金基金行业归纳到金融服务的范畴。在经历了 3 年的准备工作后，该咨询小组发布了一份《沃利斯报告》（Wallis Report），提出了对金融服务进行全面改革的方案。这份报告直接导致了《2001 年金融服务改革法案》（Financial Service Reform Act

2001）的出台。

该法案由澳大利亚证券和投资委员会（Australian Securities and Investment Commission，ASIC）主导，是历史上对澳大利亚金融服务业最为全面的一次改革。其中的重点包括：理财师在为客户提供财务建议时，必须遵守"了解你的客户（KYC）和了解你的产品（KYP）"原则，并对在此过程中产生的收入（佣金）以及和其他利益相关的信息进行披露；提出了理财规划师的培训标准，旨在提高金融服务透明度和诚信度，加强对金融消费者权益的保护。

虽然该法案致力于对金融消费者权益的保护，但金融产品销售人员的利益披露机制在现实中被发现并没有带来行业商业模式上的变化，行业诚信依然面临重大挑战。

澳大利亚证券和投资委员会（ASIC）和澳大利亚消费协会（Australian Consumers Association，ACA）于2003年共同发布的调查报告显示，公众面对理财规划行业一边号称"提供专业客观的建议"而另一边却在收取大额佣金之间的利益冲突问题表现出极大的不满，顾虑情绪与日俱增。该报告中还谈到了澳大利亚最大的保险公司擅自把客户的退休金基金转换到其他基金，以及个别投资项目"暴雷"、投资者损失惨重，但理财师却依然获得了丰厚佣金的案例。

这些负面事件对整个行业产生了直接冲击，而包括澳大利亚理财规划协会在内的行业自律组织在此过程中却显得反应迟钝，导致澳大利亚政府和立法部门在第一次金融服务改革的数年后不得不再次出手对行业进行进一步的改革。这就是澳大利亚第二次金融服务改革"金融服务的未来"（Future of Financial Advice，FOFA）。

FOFA金融服务改革的重点包括：再一次强调理财师在提供财务建议

的过程中必须体现"客户最佳利益（best interests）"原则；禁止产品冲突性收入（佣金），责令理财师必须以服务收费的形式获得收入，试图以立法的形式改变行业的商业模式；成立财务顾问标准和道德操守管理局（Financial Adviser Standards and Ethics Authority，FASEA）；明确并提高理财规划师在培训和教育方面的行业职业准入标准等。

此次改革对行业产生了巨大的影响，金融机构的个人金融服务部门不得不在"最佳利益测试"下履行他们的义务，这不但给传统的运作方式带来了压力，也迫使他们思考新的服务模式和商业模式。很多金融机构在现实压力面前扩大产品库，使客户有更多的选择。甚至有一些金融机构正在通过切断其理财业务来处理这个问题，并掀起了一轮并购潮。例如，澳大利亚国民银行（National Australia Bank）宣布计划将其人寿保险部门80%的股权出售给日本人寿保险公司（Nippon Life Insurance Company）；ANZ银行集团以28.5亿美元的价格将其人寿保险业务出售给瑞士苏黎世金融服务集团；OnePath的养老金和投资业务以及包括717名顾问在内的联合经销商集团业务以9.75亿美元的价格出售给上市财富管理公司IOOF；联邦银行将其人寿保险部门剥离给AIA集团的泛亚保险公司，并表示正寻求出售其全球资产管理业务。

不少专家坦言：无论是金融机构，还是个体理财规划师，对这一轮改革都需要一个适应期，因此很难对行业未来几年的发展进行预测。但与此同时，不少业内人士，甚至参与立法的人士，还在就FOFA金融服务改革可能还未触及的一些问题，以及在新的监管要求被提出后出现的一些现象，提出进一步修正的要求。

尽管如此，澳大利亚金融服务业和理财规划行业还是成为过去几十年来发展最快的行业之一。该行业目前管理的资金超过1万亿澳元，年收入超过46亿澳元。

截至2017年,澳大利亚金融服务牌照(AFS)持有人(机构)超过2150个,在证券和投资委员会ASIC的财务顾问登记处注册的理财师超过27 000名。

如今,每年约有20%的澳大利亚人在寻求理财规划师的服务,并依靠他们做出适合自己的个人财务决策和家庭财务决策。随着澳大利亚人口的老龄化(预计到2050年,澳大利亚65岁及以上人口的占比将达到23%),寻求专业理财规划服务的人数还会大幅增加。根据《2017年投资趋势财务咨询报告》连续10年的跟踪数据,澳大利亚理财规划服务活跃客户已达到220万人。

另一份来自咨询公司Roy Morgan的行业研究报告《理财规划服务客户画像》(Profile of Users of Financial Planners Report)的最新研究表明,截至2018年5月,已有196万澳大利亚人使用理财规划师/财务顾问购买养老金或开放式基金。这一由近200万澳大利亚人组成的群体的资产在管理产品总额中占7030亿美元。

二、提供金融服务的监管环境

在澳大利亚，对向零售客户（retail client）提供金融服务和金融产品建议的行为监管是以立法形式存在的。理财规划行业在经历了两次重大的金融服务改革后，通过《2001年公司法》和《2017年公司法修订案》等立法和修订的形式提出了对整个行业及其从业人员的监管要求和行为准则。

同时，证券和投资委员会（ASIC）于2017年年底发布了相应的《金融产品建议监管指南》。该指南根据上述法律相关条款事无巨细地对金融产品的定义和范围、金融服务提供方（包括个人和机构）的准入、金融产品建议和金融服务过程中的法律义务和行为准则、部分敏感用语的限制等内容进行了明确。事实上，行业中形成了一套原则性和实操性较强、灰色地带相对较小的完整的监管体系。

2.1 被监管金融产品范围

澳大利亚《2001年公司法》第910A条将"相关金融产品"定义为基本银行业务、财产保险和消费信贷保险产品以外的产品。上述三类产品均属于"被豁免"的产品，而向零售客户提供"被豁免"产品以外的产品和建议，均须遵守相应的合规要求。

2.2 金融服务和金融产品建议

根据澳大利亚相关法律法规的要求，安排某人从事某些工作，如申请或获取金融产品，除非该产品是"被豁免"的，否则将构成"交易"；如果意图影响某人对购买具体某一个产品或者某一类产品的决策，或者使其对某一个或者某一类产品感兴趣，则属于"提供金融产品建议"的行为。无论是提供金融产品建议，还是进行金融产品交易，都属于"金融服务"的范畴，进而受相关法律法规的监管。

2.3 金融服务和金融产品建议的提供方

澳大利亚相关法律规定，只要机构或者个人提供金融服务，就必须持有澳大利亚金融服务（Australian Financial Services，AFS）牌照，或是持有AFS牌照持有人的授权。

持牌机构为授权代表的行为负有相应的义务。持牌机构可能因为授权代表的违规行为而负有民事责任，因为持牌机构违反了"运用合理的手段来保证授权代表合规"的义务。同时，处理行为也可以直接指向授权代表。

澳大利亚理财规划协会（FPA）在2017年9月向联邦生产力委员会（Productivity Committee）提交的报告《金融体系中的竞争》中指出，澳大利亚持有AFS牌照的机构已经达到2150家，金融服务牌照持有人（机构）的授权代表（Proper Authority Holder 或 Authorized Representative）人数超过25 000人。

根据《2017年公司法修订案》的定义，理财规划师（Financial Planner）或财务顾问（Financial Adviser）是"由被 ASIC 允许（或授牌），就投资、养老金、退休计划、房地产规划、风险管理、保险和税收等部分或全部领域提供咨询的个人或机构授权代表"。正如证券和投资委员会 ASIC 所指出的，"理财规划师"和"财务顾问"这两个术语在一般用法中通常是可以互换的。

同时，理财规划师和财务顾问在澳大利亚的相关法律中是被严格限制的，并不能随便自封。《2017年公司法修订案》增加了第923C条，即只有"拥有学士学位或同等学力的人，通过了标准机构（如理财规划协会）批准的考试，并满足相当的专业从业年限，才可被授权向零售客户提出个性化建议（Personal Advice）。"

在后文中，我们把授权代表、理财规划师、财务顾问均统称为"理财师"，以符合国内读者的阅读习惯。

2.4 金融产品建议的形式和法律义务

澳大利亚《2001年公司法》第7.7部分和第7.7A的第二部分对涉及金融产品建议方（包括持牌机构和理财师）提出了一系列法律义务，证券和投资委员会也在2017年年底发布了相关的《金融产品建议监管指南》，对金融产品建议过程中的信息披露形式和法律义务进行了明确，如图3-1所示。

金融产品建议方向零售客户提供金融产品建议时包括三种信息披露形式：

（1）一般建议警告。适用于一般建议（General Advice）。

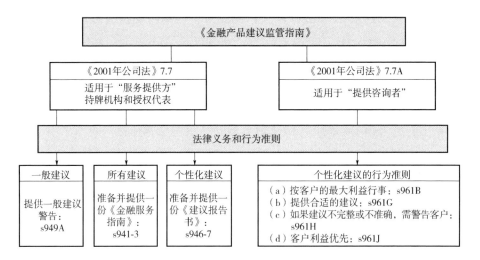

图 3-1　金融产品建议过程中的信息披露形式和法律义务

(2)《金融服务指南》(Financial Service Guide)。适用于所有建议(All Advice)。

(3)《建议报告书》(Statement of Advice)。适用于个性化建议(Personal Advice)。

上述信息披露形式(文件)总体上需要让零售客户了解:

(1) 我可以获得哪些金融服务(《金融服务指南》)。

(2) 我将得到哪些建议(《建议报告书》)。

(3) 我将购买哪些产品(产品声明,通常在《建议报告书》中涵盖)。

同时,对金融产品建议方而言,在提供建议的时候还需要满足四项行为准则,分别是:

(1) 根据客户最佳利益行事。

(2) 提供合理建议。

(3) 对不完整或者可能错误的建议提出警告。

(4) 客户利益优先。

证券和投资委员会的《金融产品建议监管指南》明确指出：客户和证券和投资委员会均有可能对违反了相关"客户最佳利益"以及其他行为准则的理财师和其所属的机构采取民事诉讼行动。

对于上述行为准则，尤其是"根据客户最佳利益行事"原则，相关监管提供了"安全港湾"（Safe Harbor）条款，即理财师如果能够提供相关证据表明他们在提供建议时严格遵守了相关条款所规定的步骤，可被视为"根据客户最佳利益行事"。《金融产品建议监管指南》非常具体地明确了"安全港湾"条款的运用环境，并涵盖了理财师在实际工作中应该遵守的相关实操步骤及相关法律法规和监管原则。本书后文会做进一步的介绍。

2.5　一般建议和个性化建议及其信息披露形式和要求

《金融产品建议监管指南》也进一步明确了个性化建议的定义。凡符合下列条件的均属个性化建议，需要提供《金融产品建议报告书》：

（1）直接（包括电子方式）提供金融产品给客户。

（2）基于客户的一项或者数项财务目标、财务状况和需求。

（3）基于普通人对"（金融产品建议方）已经考虑到一项或者数项客户具体情况"的可能合理预期。

同时，对"可能属于个性化建议"的情况进行进一步扩大和细化：

（1）虽然不是在客户面谈中提供的建议，但通过电话或者电子方式提供的建议。

（2）没有经过直接接触而提供的建议，如通过第三方提供信息的方式而提供的建议。

（3）给客户的建议中只包括一个或者非常有限范围的金融产品。

（4）通过演讲、沙龙、产品说明会提供的产品建议。

（5）建议提供的对象不是自然人，如公司、机构。

（6）提供建议并不是意图提供个性化建议。

由以上可以看出，监管单位扩大了金融产品个性化建议的范围，没有给"试图钻空子的人"任何空间。从中基本可以确定，凡是涉及客户具体情况的，大概率情况下属于个性化建议，并需要符合个性化建议的监管要求。

一般建议通常不针对客户的具体财务状况和目标，最主要的就是需要对客户提出警告："本建议是一般建议""本建议可能并不准确"。

同时，证券和投资委员会又指出，如果金融产品建议方以个性化建议的方式提供一般建议，而一般建议中又使用了所需要客户的具体情况，在这样的情况下，监管单位不会采取措施。由上可知，针对客户个人的个性化建议，在监管等级上是要高于一般建议的。

具体的《金融产品建议报告书》应该至少包含以下三项内容：

（1）产品建议。

（2）产品建议理由。

（3）任何在产品建议过程中可能产生的利益冲突的披露。

2.6 所有建议（服务）必须提供《金融服务指南》

在澳大利亚，所有的金融服务提供方在面见客户时，无论是向客户提供个性化建议还是一般建议，或者其他金融服务，均需向客户提供《金融服务指南》，而且必须是在提供任何金融服务或者金融产品建议之前。

《金融服务指南》的内容包括：

（1）在文件封面或者文件前面有《金融服务指南》的字样，标注日期、金融服务提供方的名字。如果是 AFS 持牌人，需标明 AFS 牌照的号码；如果是一名持牌机构授权代表（理财师），需注明姓名、联系方式和授权持牌人的号码。

（2）明确《金融服务指南》目的声明，如果适合，还应包括其他信息披露的文件（如《建议报告书》）以及相关文件目的。

（3）关于金融服务提供方被授权可以提供、将被提供或者可能被提供给客户的相关服务（无须列出所有服务）。

（4）关于金融服务提供方将收到或预期会收到的收入、佣金或者其他利益的信息。

（5）关于金融服务提供方可能提供的服务但收入无法确定的信息，需要提供计算方式的声明和相关收入或者利益的介绍。

（6）关于金融服务提供方可能不提供的服务但收入无法确定的信息。

（7）任何可能影响金融服务提供方做出建议的"关系"。

（8）金融服务提供方（在原有《建议报告书》基础上）提供进一步建议的相关信息，以及如何保管相关建议记录的信息。

（9）金融服务提供方是否准备将 AFS 牌照出售、清算或者正在合并过程中。

（10）金融服务提供方是否涉及争议解决或者赔偿过程。

总之，《金融服务指南》必须能够帮助客户做出是否要在这家金融服务机构或者授权代表处获得金融服务的决定；必须文字清晰、简洁并有效，不得误导客户，关于收入、佣金或者其他被要求提供的信息必须是通俗易懂的；在提供给客户时，必须是最新版的。

2.7 定义"有质量的金融服务建议"

除了上述主要的信息披露形式和文件外,证券和投资委员会的《金融产品建议监管指南》还明确指出,虽然并不期望理财师提供"完美的建议",但仍明确定义了"有质量的金融服务建议"(good quality advice),并描述了它们的特征和原则,以帮助理财师理解并遵守在提供金融服务和建议时必须要尽到的法律义务和必须遵守的行为准则。

证券和投资委员会认为,"有质量的金融服务建议"至少应包括部分或者全部以下特征:

(1)明确与"客户所寻求意见的事项、客户的有关情况相适应"的适用范围。

(2)包含对客户相关情况的调查。

(3)如有需要,向客户提供"制定优先、具体和可衡量的目标"的帮助。

(4)考虑客户可利用的潜在战略和选择,以满足他们的目标和需要。

(5)全面考虑给客户建议所带来的影响,如税收、社会保障等后果。

(6)与客户进行充分沟通,其中包括:在需要时,向客户提供逻辑结构清晰、通俗易懂的《建议报告书》;根据提供建议的形式,与客户进行口头交流,确保客户理解相关的建议和推荐。

(7)包含适合客户具体情况的具有针对性的策略和产品建议。

同时,证券和投资委员会明确了从监管角度来看,哪些原则能够支撑"有质量的金融服务建议",如下:

(1)能够在合规合法的前提下满足客户的需求。

（2）精炼并明确客户目标，并尽可能地帮助客户实现目标。

（3）根据客户的需求和情况，"有质量的金融服务建议"既可以是完整的，也可以是局部的。

（4）"培训"客户，使其明明白白地做出财务决策，包括是否要接受被建议的相关策略和被推荐的金融产品。

（5）稳健的战略建议是"有质量的金融服务"的核心，而产品应该是相关战略建议的产物，而不是主导战略。

（6）良好的书面（如《建议报告书》）沟通和口头沟通。

从上述内容可以看到，澳大利亚金融理财师在提供金融服务过程中的专业性是被法律法规所要求的，法律法规对理财师的要求不仅是要了解客户，而且要为客户制定相应的能够实现其财务目标的策略，并在有具体策略的前提下为客户推荐适合的产品和服务，明确了"产品和服务必须服务于策略"的关系。

2.8　体现"客户最佳利益"准则的实操步骤

澳大利亚法律法规对金融理财师在具体实操过程中如何体现行为准则尤其是"客户最佳利益"做出了详尽的说明。证券和投资委员会的《金融产品建议监管指南》特别指出：在考虑金融理财师是否满足"客户最佳利益准则"时，客户因为市场的波动导致的损失与"客户最佳利益"并没有关系。"客户最佳利益准则"考虑的是当理财师向客户提供建议时发生了什么，和市场的表现没有关系。

《金融产品建议监管指南》用了近百个条款（RG267-361）明确"安全港湾条款"的运用环境，因为只有当金融理财师按"安全港湾条款"中的实操步骤行事时，其行为才会被认为是"根据客户最佳利益原则行事"。我们也认为这就是澳大利亚监管机构对理财师的工作步骤和流程提出的相关要求。这些步骤包括：

（1）收集并明确客户的财务状况、目标和需求。

（2）明确客户提出的希望解决的（无论是显性的还是隐性的）问题，或可以被合理地认为与该问题相关的客户目标、财务状况和需要。

（3）当发现客户提供的相关情况不完整和不准确时，提出合理要求，并获得正确的信息。

（4）评估理财师是否有相应的能力和专业能力提供相应的建议；考虑所推荐的金融产品是否合理，所推荐的金融产品是否能满足客户的需求；为达成客户目标进行调查，并评估信息的准确性。

（5）根据客户的相关情况，向客户提供所有的意见。

（6）在提供建议时，考虑建议是否符合客户的相关情况，并可以合理地被认为符合客户的最佳利益的其他步骤。

除了上述步骤，《金融产品建议监管指南》还对每一个步骤进行了详细的说明。例如，在了解客户家庭财务状况的过程中，理财师可以用面谈、电话沟通或者填写线上表格等方式收集客户信息，在客户对自己的财务目标不清晰的时候对客户进行引导；用一系列案例说明什么是显性的客户需求和隐性的客户需求；明确客户需求时应考虑哪些因素；客户的相关情况具体包括哪些。因篇幅所限，本章无法对近百个条款一一进行介绍，但我们可以从中看出澳大利亚立法部门和监管单位对财富管理服务实操过程中可能出现的各种情况的深入了解和立法的严谨、严肃。

三、对 AFS 持牌人（机构）的监管

我们在调研过程中发现，在澳大利亚的行业监管体系中，主要是由立法部门在"金融消费者保护"的核心思想下制定约束相关行业及其行为的法律，并为监管单位提供监管权力和依据；监管单位（证券和投资委员会）则根据法律规定制定相应的行业监管政策，并提供规范性文件，以指导持牌人（机构）对其授权代表（理财师）进行有效的行为管理。

这些规范性文件包括：

（1）《咨询文件》（Consultation Documents）。主要用于收集行业参与者的反馈，以进一步制订类似规范指南之类的文件。

（2）《规范性文件》（Regulatory Guidance，RG）。用于指导被监管单位和个人的具体行为，主要内容包括：

1）解释证券和投资委员会何时及如何行使法律（主要是《公司法》）所赋予的特定权力。

2）解释证券和投资委员会如何解释法律。

3）描述证券和投资委员会所制定方法的原理和原则。

4）提供实际指导（如描述申请许可证等过程的步骤，或给出被监管单位如何决定履行其义务的实际例子）。

（3）信息表单（Information Sheet）。提供针对某一监管过程或合规问题的简要指南，或者具体指导概述。

（4）报告（Reports）。描述证券和投资委员会的合规或救济活动，或研究项目的结果。仅对 AFS 持牌人（机构）的相关规范性文件就包括以下 13 种：

1）RG 1-3 AFS 许可证套件（AFS Licensing Kit）。

2）RG 78 AFS 持照人的违规报告（Breach reporting by AFS licensees）。

3）RG 94 单位定价：良好实践指南（RG94 Unit pricing: Guide to good practice）。

4）RG 98 牌照管理：对金融服务提供者的行政行为（RG 98 Licensing: Administrative action against financial services providers）。

5）RG104 牌照管理：满足一般义务指南（RG104: Licensing: Meeting the General Obligation）。

6）RG 105 牌照管理：服务机构胜任能力指南（RG 105 Licensing: Organizational competence）。

7）RG 132 投资管理：合规计划指南（RG 132 Managed investments: Compliance plans）。

8）RG 146 牌照管理：金融产品顾问的培训指南（RG 146 Licensing: Training of financial product advisers）。

9）RG 165 牌照管理：内部和外部争端解决指南（RG 165 Licensing: Internal and external dispute resolution）。

10）RG 166 牌照管理：财务要求指南（RG 166 Licensing: Financial requirements）。

11）RG 167 牌照管理：自由裁量权指南（RG 167 Licensing: Discretionary powers）。

12）RG 181 牌照管理：管理利益冲突指南（RG 181 Licensing: Managing

conflicts of interest)。

13）RG183 金融服务行业行为准则指南（RG 183 Approval of financial services sector codes of conduct）。

在对持牌机构进行管理的过程中，对其提出的基本合规要求包括：

（1）采取一切必要措施，确保有效、诚实和公平地提供许可证所涵盖的金融服务。

（2）在处理利益冲突方面有适当的安排。

（3）遵守相关牌照的各项条件。

（4）遵守金融服务相关法律。

（5）采取合理措施确保持牌机构及其授权代表（金融理财师）遵守金融服务相关法律。

（6）有足够的财务、技术和人力资源提供牌照所涵盖的金融服务，并执行监督安排。

（7）保持提供牌照所涵盖的金融服务的能力等。

据统计，在 2014—2018 年的 5 年中，AFS 持牌人（机构）增加了 43%。其中一个主要原因是大量原来在大型金融服务机构（包括银行、保险公司、券商、和大型财富管理机构等）工作的理财师辞职创业，成为小型的 AFS 持牌人，或者获得大型 AFS 持牌机构的授权。这种形式的小型理财工作颇似当前我国财富管理市场希望出现的"独立理财工作室"或者"独立理财师"。

然而，根据澳大利亚《公司法》的相关条款，禁止金融服务提供者使用"独立""公正""无偏颇"等用语和表述，以及"独立拥有""不结盟""非（金融）机构拥有"这种用于表达公司所有权和机构的字眼，并禁止金融服务提供方在出版物、广告（包括自己的网站）使用上述用语。

只有在下列条件下方可使用上述用语。

（1）在提供金融服务时，不收取：

1）佣金（或在收取后全额返还给客户，且必须在 3 个月内返还）。

2）在金融产品发行过程中按量计提的任何形式的收入。

3）来自金融产品发行方的任何可能被认为会影响金融服务提供者行为的礼物。

（2）在运营过程中没有来自任何和金融产品有关的限制（甚至不能提供产品库或者产品清单，如果有相对开放的产品清单，同时不在产品清单上的产品也非常容易获得，那么这条限制还是有可能被突破）。

（3）和产品发行方没有任何可能引发利益冲突或者存在潜在影响的关系。

对可能出现的违规行为，证券和投资委员会也进行了举例说明。例如，某金融服务机构有一名授权代表金融理财师是不收取任何上述佣金或者收入的，但其他两位授权代表是收取的。在这种情况下，该机构和三位授权代表都不可以使用"独立""公正""无偏颇"等表述。

如果金融服务提供方以资产管理规模收取管理咨询费，还是可以使用上述表述的，但以资管规模向产品发行方收取任何形式的收入依然在限制范围之内。

在 FOFA 法案开始执行后，澳大利亚已经基本上限制了 AFS 持牌机构或者他们的授权代表在为零售客户提供金融服务时收取冲突性收入（Conflicted Remuneration），并同样限制雇主、产品发行方向销售方提供冲突性收入。

四、澳大利亚理财师职业化生态

尽管澳大利亚的理财规划行业相对年轻，规模也不是很大，但正处在行业发展周期的上升阶段，不仅所管理的资产规模不断上升，理财师的人数和持牌经营的机构数量也在不断增加。2009—2018 年，理财规划师的人数增加了近 41%，超过 27 000 人，其中有近 3000 人来自财务会计师行业，他们主要是为"自我管理退休基金"（self-managed superannuation funds）[一]的客户提供建议。

在经历了最近一次的金融服务改革法案后，澳大利亚理财师的职业生态发生了重大变化。这种变化不仅体现在前文已做详细描述的涉及执业过程中每一个环节的合规要求的变化，如不断提升的信息披露要求、对客户的了解程度、消除冲突性收入等，而且进一步提升了对理财师在教育、培训和道德方面的要求。

4.1 对理财师在教育、培训和道德方面的要求进一步提升

《2017 年公司法修订案》于 2017 年 3 月 15 日正式开始实施。该法案

[一] 在澳大利亚，允许拥有较高退休金账户金额的人士成立自我管理退休基金，实现自我管理，而无须转入任何商业退休金基金，这种基金被称为"self-managed superannuation funds"。

在《2001年公司法》的基础上，提高了向零售客户提供较为复杂的金融产品个性化建议的提供者在教育、培训和道德方面的有关标准。

上述金融产品建议的相关提供者包括：澳大利亚金融服务持牌人及其授权代表、雇员或董事，或该持牌人的有关法人团体的雇员或董事。

根据《2017年公司法修订案》的要求，所有金融服务提供者必须符合下列条件：

（1）具有学士或更高学位，或具有同等资格。

（2）通过相关考试。

（3）每年均符合持续专业教育（CPD）的要求。

（4）完成一年的工作和培训（专业年）——不适用于2019年1月1日前已经是相关金融服务提供者的个人。

（5）遵守道德守则，并遵守监测和强制遵守道德守则的遵守计划。

如前文所述，在澳大利亚，所有向零售客户提供金融服务或者金融产品建议的机构和个人，均须获得AFS金融服务牌照，或者获得牌照持有人（机构）的授权。同时，获得授权的财务顾问必须在证券和投资委员会的财务顾问登记处注册。

如果一个AFS持牌人（机构）希望从2019年1月1日起任命一名授权代表（理财师），而该理财师在2016年1月1日至2019年1月1日期间的任何时候都没有在财务顾问登记处注册名册上，那么该理财师必须符合上述要求（极少数情况除外）。

同时，从2019年1月1日起，只有符合这些标准的相关供应商，才能称自己为"财务顾问"（Financial Adviser）或"理财规划师"（Financial Planner）或类似称号。对于原来已经开始从事相关职业但未能满足上述条件的现任理财师，也提供了过渡阶段。总之，立法部门和监管单位希望在

2024年后，所有的"财务顾问"或者"理财规划师"均符合《2017年公司法修订案》的相应要求。

4.2 成立统一的行业标准和道德操守管理部门

在立法修订条款下，澳大利亚正式成立了一个独立标准机构——财务顾问标准和道德操守管理局（Financial Adviser Standards and Ethics Authority，FASEA）。该机构专门负责制定理财师教育和培训标准、监督道德操守准则执行情况，具体功能包括：

（1）批准相关学士或更高学位和同等资格，以满足新的要求。

（2）批准每个相关供应商必须通过的考试。

（3）设置持续教育（CPD）要求。

（4）制定所有相关提供者（金融服务和金融产品建议的提供方）必须遵守的道德守则。

（5）为新的相关提供者制定工作年限（执业年限）和培训要求。

（6）明确可用于那些尚未完成其工作和培训的行业从业人员的称谓。

成立伊始，财务顾问标准和道德操守管理局（FASEA）就他们所做（或打算做出的）的决定不时发布咨询文件或公告，如对新的顾问和现有的顾问的资格要求等。

财务顾问标准和道德操守管理局（FASEA）的成立在很大程度上表现出政府对行业自律组织的态度，并从政府层面统一了理财师职业标准和道德操守自律准则，在一定程度上替代了原来行业自律组织的职能，平息了专业机构和行业自律组织之间的纷争。

以往，有三家主要的专业机构或者行业自律组织参与理财师入职标准和教育培训标准的建设工作，分别是澳大利亚理财规划协会和澳大利亚的两个主要财务会计师机构——澳大利亚会计师公会（CPA Australia，CPA）、澳大利亚注册会计师协会（the Institute of Chartered Accountants in Australia，ICAA）。

在澳大利亚理财行业发展的早期，澳大利亚会计师公会（CPA）和澳大利亚注册会计师协会（ICAA）原本有非常好的机会在行业拥有更多的话语权，因为会计师普遍要比当时的理财师受教育水平更高，而且他们所提供的金融服务已经是专业收费的服务，但两者均采取了相对比较消极的态度参与理财行业发展，导致了澳大利亚会计师行业在第一次金融服务改革（2002年）时被禁止为客户提供退休基金和投资产品的建议。澳大利亚会计师公会（CPA）、澳大利亚注册会计师协会（ICAA）和澳大利亚理财规划协会（FPA）之间的谈判也随后破裂，导致三家机构各走各路，但理财规划协会（FPA）在行业中的主导地位显然要高于两个会计师协会。

在过去十几年的发展历程中，澳大利亚会计师公会（CPA）和澳大利亚注册会计师协会（ICAA）都各自为其组织成员制定了专业理财规划师的称号和专业实践标准。例如，澳大利亚会计师公会（CPA）为其成员发起了一个专业财务规划专门机构，以便具有必要教育和专业经验的成员可以被称为"注册会计师-专业财务规划专家"；提供自我管理退休基金（self-managed superannuation funds）教育项目。澳大利亚注册会计师协会（ICAA）也在1999年任命了一个全国理财规划指导委员会，以协调理财规划方面的政策和项目。

除了上述三家专业机构和行业自律组织，还有许多由私人提供商（如卡普兰高等教育有限公司）和大学（如迪肯大学和西悉尼大学）提供的认证项目。

因此，财务顾问标准和道德操守管理局的成立不仅宣告了专业机构和行业自律组织之间各自为政局面的结束，而且成为理财师教育培训标准制定、教育培训机构提供商准入、行业道德操守准则制定等方面最重要的管理、决策和监督单位。

4.3 不同板块理财师的竞争环境

澳大利亚的理财师依然存在于不同的行业板块中，如保险、私人银行、退休基金公司、证券经纪等。

业内普遍认为，虽然保险收入只占理财规划行业收入的11%左右，但在未来的几年中，保险很可能成为潜力巨大的领域。这不仅是因为澳大利亚的家庭财务保障依然没有普及，而且在FOFA法案执行后，保险佣金被排除在"冲突性收入"以外。同时，澳大利亚理财师也同样面临来自传统人寿保险经纪的挑战。

澳大利亚私人银行也在存量高净值客户的基础上，逐步扩大其服务的影响力和服务范围。私人银行的主要服务对象不同于前面提到的零售客户（retail clients），而更接近中国业内常用的"高净值客户"或者"合格投资者"。澳大利亚两次金融服务改革的核心均是"金融消费者权益保护"，而保护的重点在于零售客户。因此，在私人银行所提供的服务内容中，由于其客户的特殊性（尤其是在风险承受能力方面，合格投资者理论上被认为"强于"零售客户），很多监管政策并不适用于私人银行。在监管程度不一致的情况下，私人银行有可能获得更多的发展机会，因此被认为是未来理财规划行业的主要竞争者之一。

除此之外，另一个可能与理财规划行业形成竞争关系的是退休金基金公司。他们不仅已经开始为其会员提供理财规划服务，以便将他们的退休金留在公司，而且在努力游说立法部门，希望能为自己的会员提供投资选择的建议。根据咨询公司 Adviser Rating Research（顾问评级调查）的《2018 年澳大利亚金融咨询前景报告》，有 565 名规划师直接受雇于退休金基金公司，高于 5 年前的 367 名，增幅达到近 54%。

与此同时，相关统计报告显示，虽然只有不超过 3% 的澳大利亚国民会寻求股票经纪服务，但越来越多的股票经纪公司还是努力向理财规划领域扩张他们的业务，希望以更为稳定可靠的理财规划服务收入来增补传统的股票经纪收入。

财务会计师虽然经常被认为是理财师的重要竞争对手，但相关研究认为，财务会计师在可预见的未来无法主宰理财规划行业。有数据显示，只有 17.5% 左右的澳大利亚国民会向财务会计师寻求家庭财务咨询，而向理财师寻求咨询服务的澳大利亚国民占 46% 左右。

同时，大约 14.5% 的澳大利亚国民从来没有寻求过任何家庭财务咨询服务，其中 9% 的人可能会向已经接受理财师服务的家庭成员或者朋友寻求帮助。

澳大利亚理财规划行业的另一个特点是：拥有大量的小企业，这些小企业在自己持有的 AFSL 下运作（大约 57% 的 AFSL 持牌者拥有 10 个以下的顾问），但也有一大批财务规划小企业在持牌的大型金融交易集团授权下运作。近年来，大量的理财规划师离开传统金融机构的体制，成立了理财工作室。行业报告《Rainmaker Advantage Report》2017 年 3 月的数据显示，在 2017 年 3 月之前的 12 个月中，与非大型金融机构持牌人所属理财规划师人数的增长是主要金融机构（包括银行）相关人数增长的 5 倍。

与此同时，为中小型理财工作室提供展业平台的公司也获得了巨大发展。行业领先企业 HUB24，在 2016—2017 财政年度⊖实现了 390 万美元的首个净利润，收入增加了 45%；2017—2018 财政年度前 4 个月的管理资金从 2017 年 6 月底的 55 亿美元增至 66 亿美元。

尽管如此，还是有 44% 的理财师在最大的 10 家金融机构中工作。

4.4 金融科技和理财师平台的发展

金融科技的崛起，一方面，对澳大利亚财富管理行业产生了一定的影响；另一方面，一些面向财富管理行业的金融科技公司也正在向澳大利亚理财师提供新技术，带来客户体验的改善、效率的提高和成本的降低。而理财师们也正在积极响应金融科技整合数据和报告的功能，以提高用户体验满意度和后台办公效率。

咨询公司 Adviser Rating Research（顾问评级调查）发布的《2018 年澳大利亚金融咨询前景报告》中指出：理财师在面临教育和合规等领域的成本压力时，对技术供应商提出了更高的要求。理财师们正在寻求来自平台和计划软件的更多技术和电话支持，以释放他们的时间，并为客户提供兼容的一揽子解决方案。此外，随着持牌公司理财师流动性的增加以及社交媒体的发展，理财师在选择新平台或软件解决方案时越来越受到同行意见的影响。

通过对一线理财师的调研，该报告还发布了目前最受欢迎的财富管理领域的理财师展业管理平台、理财规划软件和投资研究供应商。他们分别是：

⊖ 澳大利亚的财政年度为当年的 7 月初到下一公历年的 6 月底。

（1）最受欢迎的投资管理平台。在 17 家平台中，Netwealth、Hub24、CFS FirstChoice、CFS FirstWrap 和 Macquarie Wrap 位列前 5 名。

（2）最受欢迎的保险功能平台。在 15 家平台中，Netwealth、Hub24、Praemium、BT Panorama 和 BT Wrap 位居前 5 名。

（3）最佳理财规划软件 AdviserNETgain（在受到牌照限制的情况下）。

（4）Lonsec 在研究领域里胜过 Morningstar 拥有最满意的顾问。

该报告也指出：具有金融科技含量的理财师平台的崛起，与过去 3 年中理财师在持牌公司之间的流动性是相一致的，在大型金融机构理财师辞职潮发生的同时，小规模 AFS 持牌企业数增加了 43%。

澳大利亚金融理财规划协会（FPA）也连续两年在 FPA 专业人士大会上发布了理财规划行业的 FinTech 报告。2017 年的 FinTech 报告确定了理财规划过程中面临的问题和可用的解决方案。2018 年则提供了一份 FinTech 买家指南和检查清单，前者旨在帮助理财规划公司根据其服务特点和客户群体选择最佳的 FinTech 合作伙伴；检查清单则有助于防止在无法满足其需求的技术或客户需求上浪费时间和金钱。

FPA 通过对软件供应商提供问卷调查，向负责购买理财规划软件的人士提供了一份技术评估清单和一份评估理财实践中 FinTech 需求的指南，以及选择合适的技术合作伙伴以帮助改进财务建议交付的提示。同时，还包括一个案例研究，重点是在选择客户关系管理（CRM）系统时要考虑的问题。当企业或服务流程在引入新软件时，可以根据案例模板进行逐条的复制或者个性化的修改。

4.5 深度改革带来的行业影响

以"金融服务业的未来（FOFA）"命名的澳大利亚金融服务改革已经开始实施，对行业产生了巨大的影响：金融产品机构分销模式的分崩离析在加速；金融机构面临着各种取舍，从而产生了大规模的并购热潮；在 FOFA 以及新的 FASEA 教育标准的推动下，据 Adviser Ratings 预计，未来 5 年，将有超过 14 000 名理财师因为无法适应新的监管要求而退出金融服务行业。

理财师不仅要应对监管环境的变化，随着社会老龄化的加剧，大多数客户过渡到退休或退休以后，理财师还需要具备为这些人口提供服务的技能和能力。客户对金融服务的消费行为正在发生迅速变化，而理财师必须快速响应这一变化。这一切对澳大利亚的理财师而言都存在较大的压力。

2018 年，大型金融机构的理财师掀起了辞职潮，以高于历史比率 270% 的速度从各大银行涌出，而过去 3 年中 AFS 持牌人数量有了大规模的增加。金融咨询市场的结构转型以及对关键行业利益相关者的影响，成为新的行业命题。

然而，改革也孕育着希望。自营 AFS 牌照的爆炸式增长正在推动更开放的批准产品清单，包括管理账户的惊人增长。许多精品投资研究和咨询公司纷纷涌现，理财师对提高实践效率和客户体验的金融科技也提出了更高期望。虽然一大批无法适应新环境的理财师正在离开这个行业，但新生力量也在不断进入。过去 5 年中，执业理财师人数净增 25%，其中 3000 多名专业会计师的到来提高了这一数字。理财师人数的整体增长和会计师以及大学毕业生的进入，给行业带来了新希望。

与此同时，一个新兴产业在悄然兴起，那就是"财富教练"（Wealth

Coach)。随着财务顾问标准和道德操守管理局（FASEA）就财务顾问这一职业提出新要求，一方面，大量没有本科学历的理财师看起来必须要离开理财规划行业，但他们长期的理财规划服务经验依然存在价值⊖；另一方面，一部分符合学历条件的理财师也正在积极规划自己的职业生涯，向"财富教练"转型也成为一种选择。

与传统的金融服务不同，"财富教练"目前并不需要金融服务牌照AFS的许可，因为他们专注于为客户（尤其是年轻人）的家庭财务决策和金融行为提供辅导，并不销售金融产品。这被认为是金融服务行业未来10年最大的趋势。这一新兴趋势也为许多顾问提供了一个机会，使他们的业务摆脱或重新定位于一个声誉受损的行业，"财富教练"行业的出现甚至可以追溯到2008年的全球金融危机。

越来越多的"财富教练"通过销售电子书、在线课程、移动金融目标应用程序和视频网络研讨会，并将其分发给最大数量的付费客户或订阅者，从而实现业务规模。

这一形式，也被一些大型机构用来吸引新客户，尤其是二三十岁的人，然后引导他们转向传统的战略咨询模式和销售产品。这些公司包括AMP、Pivot、Evalesco等。

大刀阔斧的改革确实会给行业带来短期的阵痛，但我们相信它能帮助提升行业在消费者心目中的声誉和诚信，同时也给行业的健康发展、给广大金融消费者带来希望。

⊖ 在澳大利亚理财规划行业早期，大量（尤其是从保险行业转型的）的理财师没有高等学历，但国际金融理财师的认证教育使其拥有了一个副学士学位（Diploma of Financial Planning）。这些理财师往往有较为丰富的工作经验，年龄基本在50岁以上，因此，FASEA最新的对理财规划师的学历要求对他们而言就意味着要离开行业。Adviser Rating之所以给出14 000人将离开行业的预测，有相当一部分原因来自于此。

五、结　语

在澳大利亚金融服务业的发展历程中，我们从传统财务顾问的身上看到了当前中国财富管理行业的影子。虽然理财规划的理念从行业发展之初就已经来到中国，但从过去 10 年的发展来看，行业发展也许有它自己发展的规律和路径，也只有在发展过程中才可以看到自身的问题。如果过去 10 年走过的路是我们的必经之路，未来的 10 年我们将如何发展？

从澳大利亚理财规划行业的发展历程来看，财富管理机构在自身发展的过程中显然是缺乏自律性和主观能动性的，而从业者在既得利益的驱使下，也往往会因为一时的利益缺乏继续前行、让自己的服务越来越好的动力。不仅传统财务顾问如此，一度被认为"金融服务希望"的新一代理财规划师也是如此。与此同时，即便是行业自律组织，当看到社会公众对行业的负面情绪在增加时，也往往行动迟缓，缺乏大刀阔斧进行改革的勇气，同时还可能把组织自身的利益置于行业发展的需求之上，缺乏和其他领域的专业组织开展积极合作的开放精神。

在这种时刻，政府和立法部门对行业的引导作用显而易见。澳大利亚政府和立法部门的核心宗旨始终如一，那就是"加强金融消费者权益保护"。当行业参与者普遍无法靠自律和主观能动性来进行改革的时候，政府、立法和监管部门就成为普通金融消费者最后的依靠。在澳大利亚，他们显然没有辜负民众赋予他们的责任。

虽然中国各方面的制度安排和澳大利亚不尽相同，但普通金融消费者的诉求是一样的。财富管理行业作为直接面对民众、服务民众的一个行业，其社会价值可能超过我们最初的想象。一个健康发展的财富管理行业，对中国国民财商水平的提升将起到无可替代的作用。同时，未来深化经济改革所带来的个税改革、养老金制度改革、金融体系的发展等，都需要由专业人士把这些政策和市场信息更为直接地传达给民众，使之了解这些改变对他们家庭财务乃至生活品质的影响，而财富管理行业的从业人员将站在第一线，成为这些信息最直接的传播者。

随着"资管新规"的出台和正式实施，中国财富管理行业也因为一直在扮演资管行业销售渠道的角色而暴露出在过往的发展进程中所存在的问题。当一个发展阶段结束时，从业者是迷茫的，甚至很多金融机构也对未来的发展方向感到迷茫。在这个时刻，特别需要监管部门挺身而出，认真地思考财富管理行业在民众家庭财务决定中的定位、在金融体系的作用以及它的社会职能，并通过制定相关的行业监管政策、规定监管从业者的行为，赋予它新的生命力。

我们从澳大利亚金融服务行业的发展历程中了解到，这个过程可能不是一蹴而就的，甚至还可能因为步子太快而在短期出现一些市场规模的调整，但管理层保护金融消费者权益的态度却被体现得淋漓尽致。这种积极的态度，正是金融消费者坚定信心的所在。

本章作者简介

夏文庆先生：中理职联主席兼行业发展研究小组带头人，20余年财富管理经验，理论和实践兼备的著名财富管理专家。悉尼理工大学（UTS）商学士，迪肯大学（Deakin）工商管理学硕士，具有澳大利亚国际金融理财师（CFP）资格。目前担任上海鑫舟投资咨询有限
公司董事长兼CEO，曾服务于汇丰银行、ipac等著名金融机构。回国创业15年，先后创办理财88网、鑫管家理财师平台，以工匠精神倾力为财富管理从业者打造信息化智能展业工具。致力于理财师教育培训近15年，为数以万计的理财师授业解惑，成为业内著名的财富导师。对全球财富管理行业的发展趋势及如何在中国落地有深刻的认识，并以学术研究精神形成财富管理的理论体系和实操体系。著有《理财师实务手册》《中国理财师职业生态·2018》《财富管理核心能力》、《夏文庆的综合理财课》（喜马拉雅音频课程）等，并作为特聘专家参与中国银行业协会银行业专业人员职业考试财富管理师教科书《个人理财》的编写工作。

瑞士：从避难中心到全球财富中心

一、瑞士金融服务业发展简述

瑞士地处欧洲中部，虽以高原和山地为主，却是全球经济高度发达、社会安定富裕的国家之一。受益于在国际事务上的中立政策、国内政局的长期稳定、金融体系的安全和银行的保密制度，瑞士成为"战乱时期的避风港""和平时期的世外桃源"。瑞士的金融服务业（尤其是私人银行和财富管理行业）历史悠久，举世闻名，但也不可避免地受到全球政治和经济形势、科技发展、全球反洗钱税务透明化运动的影响和挑战。瑞士与时俱进，不断调整金融监管框架，以适应各类形势的变化，始终保持其在全球金融板块中的巨大影响力。

14世纪，日内瓦等地开始出现私人银行家和货币借贷者，瑞士成为银行业起步较早的国家。16世纪，受特定历史因素的影响，许多腰缠万贯的银行家和精通银行业务的管理人才从法国和意大利来到日内瓦。他们带来的资金和管理技术使日内瓦的银行业在短期内有了跨越式的提升和增长，促进了瑞士银行业的发展。瑞士自1815年起信守中立政策，很少受战乱波及，被认为是世界上最安全的资本存放地，加上税制温和及瑞士法郎币值稳定，逐渐成为全球金融资产的避风港。这些来自全球的金融资产也成为瑞士高度发达的金融服务业的基础。

银行业、保险业、证券市场、黄金市场是瑞士金融业的四大支柱，也是瑞士经济的重要引擎。

随着 2008 年国际金融危机爆发后银行监管规定的改变，大型银行的数量翻了一番，经济结构的调整体现在以下数字上：外资控股银行的数量减少了 1/3，而私人银行的数量减少了 1/2 以上。《瑞士金融中心 2018 年 10 月主要数据》显示，截至 2017 年年末，瑞士总共有 253 家银行，依然是名副其实的"银行王国"。尤其是瑞士的私人银行，因有着悠久的财富管理历史和丰富的金融管理经验，一直被认为是世界上最安全的私人银行。

瑞士的保险业与银行业合在一起构成了瑞士最重要的经济领域之一。在过去的 10 年中，瑞士的国内生产总值取得了增长，而金融业对经济附加值的绝对贡献量却有所缩减，这两方面的变化导致金融业占国内生产总值比重下降。其中，保险业的产值逐年增高。联邦统计局的统计数据显示，截至 2017 年年末，保险业产值达到 289 亿瑞士法郎（1 瑞士法郎约等于 1 美元，下同），而金融业产值有所缩减，为 310 亿瑞士法郎。但这两大行业还是为整个国民经济的发展做出了重要贡献，占瑞士国内生产总值的 9%，处于全球平均水平。

证券行业也是瑞士最重要的行业之一。瑞士的证券业拥有先进的交易手段，自 1995 年起，瑞士证券交易所就在全世界率先启用在线电子交易系统，上市公司可通过瑞士证券交易所从实力雄厚的国内外投资商处获得资金。瑞士证券交易所对制药、生物和医疗技术公司有着尤其重要的意义。近年来，由于利率水平普遍低下，投资股市变得更有吸引力。2008 年国际金融危机爆发之后，除了银行类股票之外，许多行业的股价普遍上扬。

瑞士还是世界最大炼金国，人均黄金储备全球第一，全球 40% 的黄金交易在瑞士进行，苏黎世是全世界第二大黄金交易市场。

与私人银行在领域内的地位形成鲜明对比的是，瑞士目前还不是全球领先的资产管理国家。截至 2014 年年底，瑞士银行管理的总资产约为

66 560亿瑞士法郎，比2013年增长了8.4%，其中外国客户资产占51.1%。而在2005年，这一比例是59.0%。之所以出现这种下降，一个原因可能是外国客户通常以欧元和美元的形式持有较高的存款价值，这些货币贬值对瑞士法郎造成了外汇损失；另一个原因可能是全球税务透明化对外国私人客户的影响。

瑞士银行家协会（Swiss Bankers Association，SBA）和波士顿咨询集团（Boston Consulting Group，BCG）在2014年发布的一项研究表明，如果资产管理在一个业务领域有针对性地扩张，那么瑞士集合投资计划的资金每年将增加1.9%，2018年将达到1.71万亿瑞士法郎。为了利用这些额外的机会，瑞士银行家协会、瑞士基金和资产管理协会（Swiss Funds & Asset Management Association，SFAMA）发起了瑞士资产管理倡议。该倡议旨在进一步提升瑞士作为投资中心的声誉，并将瑞士发展成为全球领先的资产管理中心。

2014年年底，瑞士的托管股票市值为2.257万亿瑞士法郎（2013年为2.081万亿瑞士法郎），集体投资计划总金额1.804万亿瑞士法郎（2013年为1.555万亿瑞士法郎），债券市值1.314万亿瑞士法郎（2013年为1.278万亿瑞士法郎）。这三种资产类别占瑞士托管账户总资产的95.2%。图4-1列举了2004—2014年瑞士机构持有的上述三类及其他类资产占比。

在瑞士，众多的国际金融企业和本地金融企业为其他行业的公司提供了高度发达、灵活开放的资本市场和现代化的金融基础设施，为企业和个人的国内、国际收支往来提供了安全可靠的保障，并在项目融资、投资咨询、风险评估和并购协助等领域提供了广泛的、专业的、高度国际化的金融服务。

最近10年来，传统金融服务业的就业人口显著减少。瑞士联邦统计局

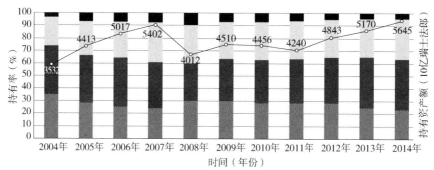

图 4-1 2004—2014 年瑞士机构持有的资产类别占比

注：该图资料来源于瑞士国家银行（SNB）。

最新数据显示，截至 2018 年二季度，瑞士从事金融业的人数为 20.4 万，约占总就业人口数（392.5 万）的 5.2%。其中，金融服务业从业人数为 10.4 万，保险服务业从业人数为 4.1 万，就业人数均比 10 年前有所下滑。表 4-1 统计了瑞士 2008 年、2013 年和 2018 年金融服务类行业的就业人口。

表 4-1 瑞士金融业务就业人口统计　　　　　　（单位：人）

金融业务类别	各年度就业人口		
	2008 年	2013 年	2018 年
金融服务业	123 745	119 621	104 925
保险服务业	43 516	43 159	41 295
金融和保险服务业的配套职业活动	44 678	51 631	58 235
金融中心总计	211 939	214 411	204 456
总就业人口	3 594 768	3 780 306	3 925 416

注：数据来源于联邦统计总局《就业统计》（2008 年和 2013 年第四季度数字，2018 年第二季度数字）。

在瑞士，理财规划最初是由独立理财顾问（IFA）于 20 世纪 90 年代初提出的。比较早期且仍然存在的理财规划服务供应商包括以销售为导向并以多级概念面向零售客户的瑞士生活精选（Swiss Life Select），那时叫AWD，以及以咨询为导向面向中产阶级客户的VZ VerMeMeSnZeCuMUM。从20世纪90年代末开始，银行和保险公司加入了以客户为中心的服务行列。

如今，大多数金融公司（银行、保险公司、资产管理公司、保险顾问、IFA等）均提供理财规划服务，许多服务都集中在退休规划方面。对于这些公司，退休人士的细分市场极具吸引力：首先，中产阶级和富裕阶层的老年人通过数十年的养老金福利积累，使得咨询资产金额数额巨大，通常为50万~150万瑞士法郎；其次，由于复杂的法律框架，制订退休计划是一项艰巨的任务。社会保障法、税法和遗产法方面的专业知识是避免做出错误家庭财务决定和确保余生适当生活水平的必要条件。在此过程中，理财规划师通常担任一线客户顾问或专家，或者在复杂案例中扮演财务顾问的专家角色。

在瑞士理财规划市场上，商业模式差别较大。大多数理财规划师及其机构还是从产品销售中获得收入，并因此免费或以较低的收费标准提供理财规划服务，只有少数IFA提供纯收费服务（非复杂退休计划的费用为2000~4000瑞士法郎）。然而，随着市场对透明度的要求越来越严格，客户越来越清楚产品的利润率，理财规划行业也正在逐渐从产品销售导向转向咨询服务收费模式。

二、瑞士银行保密法与全球反洗钱、税收透明化的博弈

保密是瑞士银行业的传统,至今已有数百年历史。自16世纪,瑞士的银行家们就为来自法国和意大利的客户建立了储户资料保密制度,保护他们的财产安全,由此拉开了瑞士银行业保密制度的序幕。

得益于保密制度,瑞士银行业获得了大量客户的青睐,他们纷纷将钱财存入瑞士银行。受此激励,瑞士银行业对客户资料的保密也更加重视。在1713年的日内瓦会议上,瑞士银行业针对客户信息做出进一步规定,明确银行人员有权登记客户信息,但未经市议会批准不得泄露给除本人之外的第三方。这些规定使得保密制度更加严格,并被称为"瑞士银行保密法"的前身。

瑞士政府于1934年11月8日颁布了一项法令——《联邦保密法》,规定在银行中实行秘密号码制度,以代替存户的真实姓名。存户在银行开立户头时,采用号码、暗记或化名,而他的真实姓名只有银行经理及少数有关职员知道。按照规定,存户在要求采用号码存款时必须出示自己的身份证,银行会对存户的姓名和身份严格保密。此外,存户对银行寄给客户的邮件,如各种存入、支出、利息、结算的通知,可以要求"留行自取"。这样,银行与存户之间的一切信件往来,不管过多长时间,银行都会妥为保存,待存户有机会自己取走,以防止在邮途中泄密。

为保证密码号码制度在银行得到有效实施，1934年，瑞士国民议会又制定了《银行法》，首次把银行的保密制度置于法律的保护之下。《银行法》规定：

（1）银行职员、雇员、代理人、清算人、稽核员，银行协会的监察员，或者被承认的监察机构的成员或雇员，如果泄露由他掌握的或因工作关系他能了解到的银行机密，诱使别人破坏银行保密制度者，将被判处6个月监禁，或课以5万瑞士法郎的罚款。

（2）若因不慎犯下上述罪行，课以3万瑞士法郎的罚款。

（3）上述人员不在银行工作之后，如泄露银行秘密仍将受到处罚。

瑞士的"银行保密法"为瑞士银行开辟了世界范围内的新财源。瑞士用法律条文明告天下，不仅约束了银行的各类工作人员，而且赢得了存户的信任。另外，20世纪30年代资本主义世界发生经济大萧条时，许多国家都冻结了银行存款，不准外国人任意取款，但瑞士银行业始终坚持维护存户在任何情况下都有存款和取款的权利。由此，瑞士银行在世界上的声誉和信用获得了极大的提升。

"银行保密法"确实是吸引外国资金的重要因素，但若缺少其他条件，恐怕也不会如此"灵验"。瑞士在国际上奉行"永久中立"政策，国内局势稳定；经济稳步发展，币制健康，通货膨胀被有效控制，瑞士法郎在国际上的信誉度极高。这些都是瑞士银行业蓬勃发展不可或缺的重要条件。

为客户保密是一把"双刃剑"，在给客户带来财产安全的同时，也很容易被不法分子利用，沦为"藏污纳垢"之地。因为保密制度，世界多地的明星、企业家甚至政要、黑帮头目等都成了瑞士银行的客户，他们中的某些人将很多不正当或来路不明的资产存在这里。瑞士也因此越来越多地与避税、洗钱丑闻、政客腐败等联系在一起，被扣上"洗钱圣地"等不光彩的"帽子",并遭到多国政府的抨击,导致"反保密"的对抗一次次上演。

2004年,瑞士银行保密制度再次遭到实质性冲击。在反洗钱和反恐融资领域最具权威性的国际组织之一——反洗钱金融行动特别工作组的持续施压下,瑞士出台新规,要求凡通过瑞士银行匿名账户向国外汇款超过一定额度的客户,银行必须公开其真实身份。这是瑞士首次打破匿名账户保密规则。

2008年国际金融危机和2009年年底欧洲主权债务危机爆发后,瑞士再次成为众矢之的。

2013年10月15日,瑞士正式签署《多边税收征管互助公约》。该公约是一项旨在通过开展国际税收征管协作,打击跨境逃避税行为、维护公平税收秩序的多边条约。2014年5月6日,瑞士又签署了经济合作与发展组织(以下简称"经合组织")《税务事项信息自动交换宣言》,承诺提交与税务相关的外国客户的账户信息。

同时,瑞士金融机构自2014年7月1日起开始实施《海外账户纳税法案》(FATCA)。瑞士和美国签署了一项促进FATCA执行的政府间协议,自2014年6月30日生效。

瑞士的一系列决定标志着其银行保密制度将逐渐走向终结。虽然从2014年开始逐渐取消银行保密制度,但瑞士银行业已经积累了大量的客户和资产,保密制度的终结只是减少了一部分非法资金,并没有对瑞士金融行业造成毁灭性打击:瑞士仍是全球最大的离岸金融中心,持有全球30%的离岸货币。根据瑞士银行家协会发布的年度报告,截至2014年年底,瑞士银行业的全球资产管理总额为6.8万亿美元,其中有一半是外国资产。

三、瑞士金融服务机构当前面临的变化

除了银行保密制度逐渐走向终结,瑞士的金融服务机构在新的全球经济和监管政策方面也面临变化,包括绿色金融㊀、货币和汇率政策、监管政策和市场环境变化等。

3.1 绿色金融

关于"金融业可持续性发展"的讨论不仅在瑞士成为热点,在全世界范围内也得到了前所未有的关注。鉴于在银行和金融方面的专长、拥有众多创新公司以及对可持续性具有深刻认识,瑞士在促进可持续金融部门方面具有特别大的潜力。2014 年,创建瑞士可持续金融协会(Swiss Sustainable Finance,SSF),目标是提升瑞士在可持续融资方面的全球地位。

在瑞士,按照可持续性标准管理的资产在 2014 年增至 713 亿瑞士法郎,比 2013 年增长了 26.0%,并且已经是连续第三次出现两位数增长。在瑞士,几乎所有可持续性管理的资产都属于股票(66%)和债券(25%),这两类资产在 2014 年普遍表现良好。大型机构和富裕私人客户对可持续投资机会的需求正在逐步上升。机构投资者并不一定期望更高的

㊀ 绿色金融有两层含义:一是金融业促进环保和经济社会的可持续发展;二是金融业自身的可持续发展。

回报，而是期望他们的投资组合实现较低的缩减。这是因为在当前低利率的环境下，预防损失变得越来越重要。在私人客户领域，来自非常富有家庭的年轻投资者特别关注他们的钱是如何为他们"工作"的。然而，可持续金融投资只占总投资资产的一小部分。例如，在2014年年底，投资基金与特定的可持续金融投资大约占市场份额的4%。

3.2　货币和汇率政策

在货币政策方面，2015年1月解除欧元兑美元汇率所引起的瑞士法郎突然升值，以及瑞士国家银行（Swiss National Bank，SNB）引入负利率政策，对财富管理业务产生了重大影响。私人银行的大部分费用以瑞士法郎计算，而其收入通常以外币产生，导致货币错配。因此，瑞士私人银行业务出现了传统出口行业的特征。一些私人银行的货币错配率甚至高于一些出口型制造企业。私人银行瑞士宝盛（Julius Baer）表示，由于瑞士央行的决定，管理资产和这些资产产生的总收入在一个月内下降了8.3%。与此同时，许多私人银行还受到负利率政策的影响，其所受影响的大小在很大程度上取决于商业模式、客户在托管账户上的外币存款多样化程度以及银行贷款业务的强度。引入负利率政策对那些客户集中在瑞士同时又不进行大量放贷活动的机构尤其不利。交易银行被要求持有高比例的现金。

3.3　内外部监管环境变化

经过欧盟理事会、欧洲议会和欧盟委员会之间旷日持久的谈判，2014年6月12日，官方的金融工具市场指令和法规（Markets in Financial

Instruments Directive，MiFID Ⅱ/MiFIR）终于公布。该指示及法规于 2017 年 1 月 3 日起生效。对于瑞士的私人银行来说，这两份立法文件中所载的第三国条款具有重大意义。

如果欧盟国家强制要求在当地设立分行，而瑞士金融机构决定不开设分行，这将对跨境财富管理造成重大限制，从而阻止新客户资产的流入。一家瑞士银行决定在当地开设分行，一方面，会对成本产生负面影响；另一方面，因为客户资产不会在瑞士入账，也会减少收入。

现在 MiFIR 设想对提供跨境服务的金融机构进行统一监管。如果欧盟委员会承认该条例中规定的与第三国的监管和监管规则以及行为准则相同的条款等同于欧盟的条款，那么这些国家的金融机构在欧洲证券和市场管理局（European Securitiesand Markets Authority，ESMA）注册后就可以获得欧盟牌照，这使他们能够为整个欧盟的专业客户和合格的交易对手提供服务。

除了以上两种市场准入制度外，被动营销和提供服务的可能性将继续存在。MiFID Ⅱ/MiFIR 的影响目前尚无法评估，但这两项法律文书将对瑞士财富管理机构的利润产生负面影响是毫无疑问的。

另类投资基金经理指令（Alternative Investment Fund Managers Directive，AIFMD）旨在提高欧洲基金市场的透明度，降低投资风险。该指令的核心是欧盟牌照，该牌照的适用范围必须扩展到另类投资基金经理（Alternative Investment Fund Managers，AIFMs）和他们的另类投资基金（Alternative Investment Funds，AIFs），以便在欧盟市场上运营。该指令自 2013 年 7 月起对欧盟基金管理公司及其基金实施。AIFMD 护照使瑞士的财富管理机构得以进入整个欧洲市场，而迄今为止，欧洲市场一直受到限制。

2018 年 6 月 15 日，议会通过了《金融服务法》(Financial Service Act，

FINSA）和《金融机构法》（Financial Institutions Act，FINIA）两项法案。《金融服务法》包含行为准则条款，以满足客户的要求；《金融机构法》将特定金融机构的授权规则进行了标准化。据联邦财政部称，这两部法律预计于2020年1月1日起实施，具体时间由联邦委员会决定。

作为《金融机构法》过渡准备工作的一部分，联邦委员会于2015年6月做出了进一步的决定，确定了独立财富管理（Independent Wealth Managements，IWMs）监管的具体形式。由于行业反馈的接受程度较高，联邦委员会决定由单独的监督机构对独立财富管理公司（IWM）进行监督，而不是由瑞士金融市场监督管理局（Swiss Financial Market Supervisory Authority，FINMA）直接监督。独立监管机构将由瑞士金融市场监督管理局授权和监督。对于风险较低且结构简单的小型资产管理公司，审计周期可能会从1年延长到最多4年。监督机构将独立进行监督，并在必要时增加相应机构。

对IWM监督的引入促使在银行和IWM之间创建公平的竞争环境。鉴于更严格的要求，资产将更多地流入财富管理类银行以及IWM数量的减少是可以预见的。

联邦委员会已经认识到保证最低专业标准的重要性，于2015年6月，在《金融服务法》和《金融机构法》的监管框架中，将进一步培训和管理银行员工纳入基本规则。进一步的银行培训计划旨在为强制性技能奠定基础，并确保高水平的服务质量。其中，《金融服务法》第28条注册义务中规定："未受监督的国内金融服务提供商的客户顾问，以及外国金融服务提供商的客户顾问，只有在瑞士的顾问登记处登记才可以在瑞士开展活动。"

瑞士和欧盟自2005年起实施的储蓄协议中的跨境税收条款将进行全面

修订，并被经合组织的 AEOI 标准有效取代。新的标准不仅包括利息收入，还包括所有类型的投资收益及信托和基金会。相关实体之间跨境支付股息、利息和特许权使用费的现行预扣税豁免将保留。

AEOI 标准的引入，对于财富管理业务特别是规模较小的财富管理机构而言是一个挑战。

3.4 银行业的整合和并购

在瑞士，金融服务行业由少数综合金融服务提供商和大量利基[○]参与者组成，业务模式因银行机构的规模而异，具有多样化的商业模式。一般来说，综合业务模式（全能银行）仍然保留给较大的银行机构，涵盖了从私人和企业客户业务到资本市场交易和财富管理的所有银行活动。相比之下，较小的银行机构则追求利基战略，专注于核心竞争力的培养和提升。

瑞士金融服务业的特点之一就是家族传承的合伙人制，即经营者必须对银行经营和客户利益负起个人的无限责任。这是瑞士私人银行与美国花旗银行等大型金融集团最主要的差别。

瑞士银行家族的佼佼者是马利特（Mallet）家族、霍廷格（Hotting）家族和米腊博（Mirabaud）家族。1557 年，马利特家族来到日内瓦，在商业和银行业领域发家致富。霍廷格家族在瑞士也是名门望族，出过几任政府部长级官员。1784 年，冉-康来德·霍廷格来到巴黎，先在一家银行做学徒，后来开了自己的银行，并成为瑞士苏黎世银行的法国代理，主要业务就是向法国皇室提供债务解决方案和融资服务。米腊博家族因为 1799 年

○ 利基即英文 Niche 的音译，指企业选定一个特定的产品或者服务领域，集中力量进入并成为领先者，同时建立各种进入壁垒，逐渐形成持久的竞争优势。

秘密资助拿破仑"雾月政变"而被拿破仑授权成立法兰西银行。直至今日，米腊博家族仍是瑞士银行业的泰斗，皮埃尔·米腊博现任瑞士银行家协会主席。

在数字化发展、瑞士法郎不断升值和日趋严格的监管框架下，瑞士银行业正面临严峻考验：2014年，瑞士246家银行的年度收益达到142亿瑞士法郎（2013年为119亿瑞士法郎）；29家银行的年度亏损总计68亿瑞士法郎（2013年为14亿瑞士法郎）；总收入为74亿瑞士法郎（2013年为105亿瑞士法郎）。

可见，瑞士银行业的格局正在发生巨变，银行间的整合和并购成为一种趋势。表4-2是各类银行2000—2014年的相关数据，从中可以看到瑞士的银行数量从2000年的375家下降至2014年的275家，网点从3661家下降至3188家，就业人数从11.2万下降至10.4万，但总资产则由原来的21.25万亿瑞士法郎上涨到30.42万亿瑞士法郎。

表4-2 瑞士银行业一览表（2000—2014年）

瑞士银行业的关键数据	单位	2000年	2010年	2012年	2013年	2014年
瑞士的银行数量	家	375	320	297	283	275
其中外资银行数量	家	148	154	131	120	118
银行分行数量	家	3661	3405	3294	3240	3188
其中海外分行数量	家	228	284	263	253	251
瑞士员工数	万人	11.2	10.8	10.5	10.6	10.4
总资产	10亿瑞士法郎	2125	2715	2778	2849	3042
外商投资	10亿瑞士法郎	1196	1452	1286	1283	1429
营业收入	10亿瑞士法郎	68.7	61.5	59.0	60.8	61.5

(续)

瑞士银行业的关键数据	单位	2000年	2010年	2012年	2013年	2014年
营业费用	10亿瑞士法郎	37.5	42.5	41.5	41.3	40.5
毛利润	10亿瑞士法郎	31.2	18.9	17.4	19.5	21.0
净利润	10亿瑞士法郎	19.2	10.6	0.2	10.5	7.4
瑞士法郎的权益资本	10亿瑞士法郎	117.5	144.1	151.5	165.8	169.1
成本收益比（运营费/运营利润）	%	54.6	69.2	70.3	67.9	65.9
净利息收入在营业收入中的占比	%	34.4	32.2	35.4	36.5	38.5
佣金业务和服务的净收入在营业收入中的占比	%	42.1	40.5	39.7	40.3	38.9
股本回报率，净利润/股本资本	%	16.3	7.4	0.1	6.3	4.4

注：数据来源于瑞士国家银行（SNB）。

事实上，随着2000年以来成本收入比率的上升，人们一直在谈论整合压力，特别是在私人银行业。

其中，比较引人注目的交易包括：2015年年初，莱夫艾森（Raiffeisen）集团的子公司（Notenstein Private Bank）收购了私人银行La Roche；2014年年中，宝盛银行（Julius Baer）收购了以色列国民银行（Leumi）；2014年春季，瑞士联合私人银行（Union Bancaire Privee）收购了苏格兰皇家银行（Royal bank of Scotland）旗下的国际财富管理业务公司Coutts International。

2012年3月，宝盛银行任董事局主席Raymond J. Bar宣布卸任，瑞士最大私人银行的最后一丝家族色彩随即被抹去，仅有家族姓名"Bar"仍出现在银行名称中。卸任后，Raymond J. Bar出任集团名誉主席。宝盛银行曾是瑞士最负盛名的家族式私人银行，目前该行创始家族仅持有少数股份。

2014 年，共有四家私人银行改变了他们的法律实体架构，分别是 La Roche&Co AG、Lombard Odier&Co AG、Mirabaud&Cie AG 和 Pictet&Cie SA，或成为股份公司，或根据瑞士法律成为公司伙伴关系。改变法律结构的理由是促进国际扩张，使这些银行更容易抓住增长机会，这也是监管环境迅速变化和强劲增长（尤其是海外）带来的结果。

截至 2015 年 10 月，由于金融服务提供商的整合和并购，金融服务机构的数量也进一步减少。但尽管如此，近年来银行合并的数量仍少于一些咨询公司最初预测的数量。

这种市场集中的过程不仅影响机构的数量，还导致管理资产市场份额的转移。例如，2007—2013 年，私人银行管理的 250 亿瑞士法郎以上的资产份额从 60% 升至 75% 以上，但低利润率和成本上升等经济因素也降低了瑞士对国际银行组织的吸引力。

3.5 独立财富管理机构的整合

在过去的几年间，独立财富管理公司（IWM）行业也在进行行业整合。独立财富管理公司是瑞士辅助银行业务系统重要的构成部分，他们不拥有银行身份，通常自己管理客户的资产，并提供理财咨询服务。但最近几年，其受政策及行业变化的影响较大。这些行业政策包括：

（1）独立财富管理（IWMs）受到"反洗钱法案"的约束，必须得到瑞士金融市场监督管理局的批准，或者成为一个行业自律组织（SRO）的成员。

（2）他们通常必须是被认可的行业协会的成员，以避免根据《集体投资计划法》获得分销商授权的义务。

（3）金融机构不再有兴趣成为小型财富管理公司的托管银行，因为监管成本太高。

（4）许多独立的理财经理完全依赖于他们的创始人，往往会在退休后收回继续从事业务所需的资金。

2014年，苏黎世大学应用科学系在一项研究中发现，瑞士有2300家独立理财公司，约相当于瑞士银行的8倍。瑞士金融市场监督管理局估计市场参与者的数量为3488人（包括投资顾问）。

四、瑞士金融服务业的监管演变

4.1 2008年国际金融危机前的监管机构

瑞士相对完备的金融法律和监管体系为金融业提供了有力的法制基础和保障。2008年国际金融危机发生前后,瑞士金融监管框架发生了巨大的改变。

在金融危机发生前,银行业和证券业由瑞士联邦银行业委员会(Swiss Federal Banking Commission,SFBC)统一监管,私营保险业由联邦私人保险办公室(Federal Office of Private Insurance,FOPI)监管的分业监管体——瑞士联邦银行业委员会和瑞士联邦私营保险业监督局(这两个机构目前监管着大约330家银行和200多家保险公司)监管。瑞士联邦银行业委员会又实行两级监管体系,即监管活动在瑞士联邦银行业委员会与授权的外部审计公司之间的监管职责的分工,由不同的监管部门担任;由反洗钱控制管理局(Anti-Money Laundering Control Authority,AMLCA)承担非银行金融机构的反洗钱职能。2008年国际金融危机前,瑞士的金融监管框架如图4-2所示。

主要的监管单位及其职能如下。

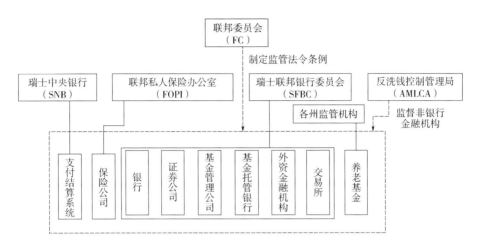

图 4-2 2008 年国际金融危机前的瑞士金融监管框架

4.1.1 瑞士中央银行（Swiss National Bank，SNB）

瑞士中央银行在其职责范围内保证金融体系的稳定。瑞士中央银行必须遵守宪法和公司经营章程的规定，以国家利益为首位。其首要目标是确保物价稳定，同时考虑经济发展。

4.1.2 瑞士联邦银行委员会（Swiss Federal Banking Commission，SFBC）

瑞士联邦银行委员会由 7~11 名成员组成，由联邦委员会选举产生。SFBC 在行政上隶属于瑞士联邦财政部（Federal Department of Finance，FDF），但独立于联邦委员会。瑞士联邦银行委员会对金融部门的各个部分的监管拥有绝对权威。

（1）监管活动。瑞士的"银证监管"采取两级监管体系，是基于作为国家监督机关的 SFBC 和一些得到授权的审计公司之间的任务分工。在这两层监管体系下，SFBC 委托授权的审计公司进行现场审查，而自己保留负责全面监督和执法措施的权力。SFBC 只有在非常罕见的情况下才进行直接现场确认审查。由于大银行集团在瑞士金融体系中起着非常重要的作用，所以 SFBC 需要对瑞士两大银行——瑞士联合银行（UBS）和瑞士信贷银行（CS）实施直接监管。同时，为确保监管体系的活力，SFBC 对授权的审计公司开展质量控制和检查有时会直接监察审计公司对银行或证券交易商的审计程序。

（2）运行费用。为了维持运作，SFBC 每年向受其监管的机构征收监管费，监管费的多少是比照 SFBC 上一年度的支出来征收的。因此，监督机构的活动经费独立于邦联的财务预算，不用纳税人承担。

4.1.3　联邦私人保险办公室（Federal Office of Private Insurance，FOPI）

FOPI 受联邦委员会委托，对瑞士私营保险业寿险、意外险、损害保险和再保险进行监管。其主要权限有：为保险公司颁发经营许可，对人寿保险公司和医疗保险公司的业务范围进行审批，审查保险公司递交的年报，为保险业起草有关法律文件，代表瑞士保险业签订国际协定等。此外，作为对联邦社会保险局（FSIO）监管的补充，FOPI 开始监管可以接受的健康保险。从 2006 年初开始，保险中介机构也纳入 FOPI 的监管范围。FOPI 实施监管的费用由被监管的保险公司承担。该办公室每年发票的税收额可以完全涵盖监管当局购置保险设施所带来的成本。

4.1.4　反洗钱控制管理局（Anti-Money Laundering Control Authority，AMLCA）

AML-CA 行政上附属于 FFA 组织。AML-CA 有四个部门：自律监管组织、部门直属金融中介、部门市场监管部门、审查部门。审查部门协助其他三个部门完成工作，设在联邦财政部，由财政事务管理局负责，直接或通过行业自我监督组织监管所有其他非银行系统的金融中介机构和个人。另外，根据 FATF 的要求成立了反洗钱报告办公室（MROS），隶属于联邦司法部，负责报告洗钱嫌疑问题。

4.2 2008 年国际金融危机后的瑞士金融监管框架和单位

2008 年国际金融危机后，瑞士金融监管框架发生了巨大的改变。2007 年 6 月 22 日，瑞士联邦议会通过了《瑞士金融市场监督管理局联邦法案》（FINMASA）。该法案于 2009 年 1 月 1 日生效，并在生效当天成立了瑞士金融市场监督管理局。

自此，瑞士金融体系中主要的监管职能，除了瑞士中央银行以外，瑞士金融市场监督管理局也成为对整个金融体系进行统一监管的机构。瑞士中央银行不负责监督银行业，只负责监督支付和证券清算系统。另外，瑞士中央银行和瑞士金融市场监督管理局签署了一份谅解备忘录。两家共同成立了指导委员会（Steering Committee），评估系统重要性银行的稳健性，制定银行流动性、资本充足率和风险准备要求，开展危机管理方面的合作。该委员会的主席由瑞士中央银行的理事会主席和瑞士金融市场监督管理局的理事会主席共同担任。图 4-3 是瑞士的金融监管框架和各单位之间的联系。

制定《瑞士金融市场监督管理局联邦法案》的目的是对金融机构进行实质监管，即"同样的业务，同样的风险，同样的监管规则"。新成立的瑞士金融市场监督管理局整合了联邦私营保险业监管局（FOPI）、瑞士联邦银行业委员会以及瑞士反洗钱控制管理局（AMLCA）先前的职能，全面

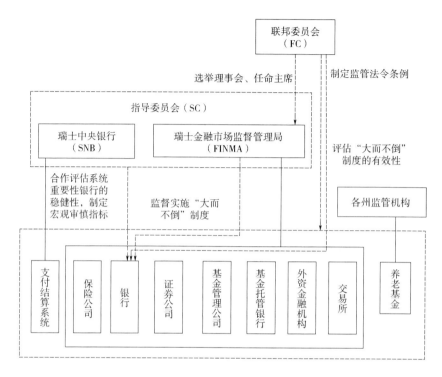

图4-3 瑞士的金融监管框架及各单位之间的联系

负责瑞士所有的金融监管，监管银行、保险公司、证券交易所、证券交易商、集合投资计划、分销商和保险中介机构及其他直属的金融中介机构（其中包括外汇交易），对瑞士的金融机构进行注册、监督和执法。瑞士金融市场监督管理局在制度和经费上都是一家独立机构，其监督职能的执行不受政府影响，直接向议会报告。联邦委员会（FC）负责制定监管条例和法令，选举瑞士金融市场监督管理局的理事会成员及任命主席。

瑞士金融市场监督管理局的主要职责是保证被监管金融机构的财务状况稳定、业务合规，有足够的资本承担危机中的损失。而一旦金融机构破产，瑞士金融市场监督管理局的主要任务是保护客户的利益，使破产机构能够有序地退出市场。瑞士金融市场监督管理局通过风险评估对各个金融机构采取差异化的监督，对规模大、业务风险高、与其他机构关联密切的机构的监管要比对小型机构的监管更严格。对一类和二类的大银行每年要进行数次实地监督评估，对中等规模的三类机构每2~3年评估一次，而对更小的机构只有出现问题时才进行临时评估。

在对保险公司的监督方面，瑞士金融市场监督管理局于2011年1月开始采用瑞士偿付能力测试（Swiss Solvency Test）计算保险公司的目标资本水平，也就是使保险公司满足"足以在百年一遇的冲击中支付所有债务"的资本要求。这个测试考虑了所有的市场、信贷和保险风险，尤其是多个风险因素同时恶化的情况。如果资本低于目标资本的水平，瑞士金融市场监督管理局就会要求保险公司采取风险管理措施补足资本。

瑞士的存款保险计划是由名为Esisuisse的行业自律协会管理的，所有在瑞士银行的存款都受存款保险计划的保护。当瑞士金融市场监督管理局认定一家银行破产时，存款保险计划就会被启动，所有在瑞士设有分支机构的银行和证券公司会共同筹资补偿破产银行的储户。

同时，瑞士金融市场监督管理局也是瑞士外汇交易商的监管机构。在瑞士，只要是接受存款用于第三方融资的交易都称作银行业务活动。所有的外汇交易商必须具有银行资质，才能进行外汇交易。银行也保留了为客户执行外汇交易的权力，所有瑞士金融市场监督管理局授权的银行都能提供外汇交易业务。

4.3 瑞士行业自律组织的发展

根据瑞士法律，银行受许可要求和瑞士金融市场监督管理局的持续监管。相反，提供专有财富管理服务的实体或个人（酌情和非全权委托咨询服务）原则上不受瑞士的审慎监管。作为投资顾问管理其客户资产或执行投资交易的财富管理机构被定性为金融中介机构，受瑞士《反洗钱法》（AMLA）的约束。

受《反洗钱法》约束的金融中介机构必须根据自己的喜好进行注册，或者由瑞士金融市场监督管理局或其本身认可的自律组织（SRO）进行注册（银行和其他受监管公司自动受到瑞士金融市场监督管理局的反洗钱监管）。分区域办事处负责监督其成员遵守瑞士《反洗钱法》规定的义务。SRO依次受瑞士金融市场监督管理局授权和监督。

瑞士银行家协会（SBA）、瑞士基金和资产管理协会（SFAMA）、瑞士资产管理公司协会（ASG）颁布的一些行为准则和准则已被瑞士金融市场监督管理局认可为相关行业的最低标准，适用于所有活跃在相关领域的公司。

五、瑞士财富管理从业者监管及培训

16世纪，私人银行诞生。历经几个世纪后，瑞士的金融服务业沉淀了丰富的私人财富管理模式和经验。瑞士私人财富管理的成功之道，与其银行业及金融业知识、周边研究、学术教育和执行教育的有效结合密不可分。

瑞士人才资源丰富，这与瑞士始终把重视和发展教育、完善培训体系放在发展第一位具有密切关系。瑞士的职业教育和培训体系十分发达，大多数学校以市场为向导，通过体制改革和调整专业设置，满足经济社会发展需要。瑞士很早就开始从改革中等教育入手，力求解决教育和现代生产经济相脱节的问题，先培训后就业，未经培训不得就业已经成为一种制度，如旅游、金融、运输等行业均有专门的职业技术学校（如洛桑旅馆学校）培养和训练专门人才，以提高从业人员的基本技能、管理经验和道德水平。接受义务教育之后，进入大学深造的学生人数很少，约70%的学生进入职业学校学习，大大增加了技术人才和实用人才的数量。瑞士政府高度重视教育和培训，每年的教育开支占联邦预算支出的10%左右，是世界上教育投入比重最高的国家之一，这为其走"高、精、尖、特、贵"的产业发展道路奠定了基础。2004年，政府修订并生效《瑞士联邦职业教育法案》，使职业教育的资金投入和行业行政管理拥有了重要的法律保障。这也为瑞士金融业提供了大量优秀人才。

理财顾问是私人银行业务开展过程中的核心，一些私人银行的管理者直接担任银行贵宾客户的理财顾问。理财顾问要根据客户的要求进行实时金融交易，工作性质本身包含较多主观因素，在与客户单向联系的过程中，理财顾问的违规操作往往会给银行带来很高的风险，因而私人银行往往对理财顾问实施严格的内部管理制度。

为保证理财顾问具有相关资质，私人银行需要大量的复合型专业人才支撑业务的不断发展。一般要求，理财顾问除了要具备相应的学历背景、市场营销经验、投资市场知识、财富管理经验，还要具备较好的沟通与协作能力。为此，银行更加重视对员工的培养，经常对任职后的员工进行以合规为重点的培训。以瑞士银行为例，进入银行任职前必须通过在线合规知识培训及测试，每年还要求从业者必须参加包括反洗钱在内的合规培训。

对于个人理财客户经理，银行会对其进行证券、保险、外汇、贵金属等领域全面、专业的理财培训，使其真正成为理财专家，更好地为客户服务；对于公司客户经理，银行会对其进行贸易、税务、法律以及会计等方面专业知识的培训，使其能够全面了解客户，从而更好地挖掘客户的潜在需求。例如，瑞银集团历来重视人才培养，每年都要投入大笔资金用于行业培训，造就了一大批高素质的从事私人银行业务的优秀人才，同时还通过猎头寻找优秀人才，丰富金融人才结构。

在瑞士，每名理财顾问至少配有一名助理，负责按理财顾问制订的计划实施投资行为，理财顾问则专注于和客户沟通并对财富管理计划提出建议与改进意见。在银行授权范围内，理财顾问拥有自主决策的权力，但必须保证所有投资交易均符合客户意愿。理财顾问或其助手调动客户账户内的资产必须通过银行管理信息系统平台进行操作，所有交易信息均形成记录并反馈给客户，并定期向团队组长汇报客户评估。当客户理财计划变动时，变更部分必须经投资部专家审核。

虽然私人银行与财富管理行业的从业人员都要求具有一定的专业知识与管理才能，但从事私人银行业务还须具有更高的业务水平和更丰富的管理经验。私人银行通常会要求从业人员拥有良好的教育背景和社会背景，因此大多数国外私人银行客户经理都来自社会上流阶层。在年龄层次方面，国外私人银行的客户经理基本上都在40岁以上，这是因为客户经理要有一定的阅历。

私人银行的客户经理要精通个人财富管理、企业财务管理，熟悉国际金融市场及衍生金融产品，了解资本市场运作的一般规则、保险知识，熟悉主要国家的税收政策和移民政策、信托计划的规则和运作等。所以，几乎所有私人银行的中坚力量都是在投资银行、商业银行、公司银行、零售银行工作10年以上的资深从业人员，他们不仅要具备扎实深厚的理论知识，还要有亲历一个经济或金融周期的实战经验，这样才能与客户在同一层面上交流。

目前，瑞士的私人银行在传统私人银行服务基础上，根据其在历史、客户资源、地理位置、资源、人才等诸多方面的优势，着重突出了以下几方面的服务功能：其一，针对私人银行客户背后的企业在公司理财咨询、外部继承解决方案、公司资产的套现方面的需求，提供策略性的财务咨询，为企业的兼并及收购、企业重整及上市等量身定制解决方案；其二，针对私行客户的家庭成员居住在不同的司法管辖地、家庭财产传承、税务状况改善、安全及生活的保障、融资需求等方面的需求，提供资产的配置、信托、基金会、人寿保险规划、改变居住地规划、遗产规划等方面的解决方案；其三，针对私人银行客户的财富投资于企业的情况，需要进行专业的风险管理、识别快速转变的投资方向等问题，提供全方位的解决方案和开放式的架构。

在瑞士，有三个专业理财规划师认证机构得到了瑞士政府的认可，分别为：金融业继续教育协会（Association for Continuous Education in the Financial Industry，IAF）、瑞士金融分析师协会（Swiss Financial Analysts Association，SFAA）和苏黎世应用科学大学（Zurich University of Applied Sciences，ZHAW）。

（1）金融业继续教育协会（IAF）。金融业继续教育协会（IAF）是保障瑞士金融业服务质量的主要机构之一，在职业教育和培训层面提供认证和考试。它在财富管理方面提供以下认证：

1）IAF注册财务顾问，其服务内容主要是针对中产阶层个人家庭的财务建议。

2）拥有高等教育联邦文凭（Diploma）的理财规划师，其服务内容主要是针对中上层私人家庭创造财富和财富消费（退休）的综合理财规划。

3）SME财务顾问，拥有高等教育联邦高级文凭（Advanced Diploma），其服务内容主要是针对企业家的财务规划和财富管理。

自IAF成立以来，为超过4000个财务顾问（Financial Advisor）颁发了证书，为约2000个拥有联邦文凭的财务规划师颁发了证书。后者以及具有高级联邦文凭的SME财务顾问均被瑞士政府根据职业和专业教育法认可，IAF成为金融教育领域的市场领导者。

IAF侧重于考试和认证，而教育和培训是由私立商学院提供的。考试准备课程有两个主要的提供者：瑞士ifFP金融理财规划学院和Mendo理财规划学院。两者都提供IAF证书以外的继续教育和认证，处理高度复杂的专家级的财务规划问题，如企业家继任规划（Entrepreneurial Succession Planning）⊖等。

（2）瑞士金融分析师协会（SFAA）。SFAA以其在资产和投资组合管

⊖ 企业家继任规划，指针对从现有企业家到下一代企业家的所有权转变的全盘规划，内容涵盖接班人培养、股权结构设计、股权继承、财富传承等。

理方面的认证而闻名。它提供以下认证：

1）有联邦高等教育文凭的初级财富经理。

2）有联邦高等教育高级文凭的财务分析师和投资组合管理经理。

上述两个学位均针对财富、资产和投资组合的管理和咨询，且是被瑞士政府根据职业教育和职业教育法所承认的。

SFAA 侧重于考试和认证，而教育和培训是由私立商学院提供的。主要的考试预备课程提供者是 AZEK。

（3）苏黎世应用科学大学（ZHAW）。ZHAW 是瑞士领先的应用科学大学之一。在财富管理领域，它培养高级研究硕士（MAS），其主要服务内容是为中产阶级家庭和企业家客户提供全面的财务规划；MAS 学位是继续教育的硕士学位，根据《应用科学大学法》得到瑞士政府的承认。

与此同时，瑞士拥有三个针对理财师的专业协会，分别是：

1）瑞士财务规划师协会（FinanzPlaner Verband Schweiz，FPVS），对所有持有公认学位的财务规划师开放。它是目前瑞士最大的理财师协会，大约有 500 名会员。

2）瑞士金融规划师组织（Swiss Financial Planners Organization，SFPO），是国际金融理财标准委员会（CFP®）的瑞士分支机构。它授予国际金融理财师 CFP 和其他相关认证。在瑞士，CFP 认证的先决条件是拥有联邦高等教育文凭的理财规划师（见 IAF 所述内容）或金融咨询硕士学位（见 ZHAW 所述内容）。

3）瑞士财务顾问协会（Schweizerischer Finanz Berater Verband，SFBV），汇集了独立的、自雇的财务顾问和规划师。

本章作者简介

王伟强先生：中理职联执委兼行业发展研究小组带头人之一，浙江大学教育基金会投资顾问，杭州浙江大学校友会常务理事，麦策金融创始人兼CEO。浙江大学MBA，获私人银行家CPB认证证书。16年高净值客户财富管理经验，  曾服务于杭州工商信托、恒生银行、浙商银行等中外资大型金融机构。国内财富管理收费服务模式和私募证券FOF业务的的先行者之一，资产管理规模超过20亿元，《中国理财师职业生态·2018》副主编。

麦策金融的庞宁女士，杨家卿先生、何嘉懿先生也为本篇的撰写做出了贡献。

费利克斯·霍拉赫（Felix Horlacher）先生：博士，瑞士资深财富管理专家，经济学专家，现任瑞士 ifFP 金融理财规划商学院院长兼首席执行官，瑞士注册金融理财规划师考试委员会主席，瑞士注册中小企业金融理财专家考试委员会主席，瑞士  保险业职业教育协会考试委员会成员。1995 年，费利克斯·霍拉赫博士在苏黎世创办瑞士 ifFP 金融理财规划商学院。

目前，ifFP 拥有近 100 位师资的高质量教学团队，主要从事财富管理和理财规划教育培训，是得到瑞士联邦政府、瑞士金融监管局、瑞士 CFP 协会授权颁发权威证书的商学院，在瑞士金融界及欧洲具有很高知名度。2018 年 9 月，ifFP 在上海成立了瑞伯职业技能培训（上海）有限公司以及瑞士财富管理专业培训中心，是在上海自贸区制度创新下设立的第一家外商独资经营性金融职业技能培训机构。

新加坡：致力成为全球私人财富集散地

一、新加坡金融服务业的历史和现状

根据英国智库机构 Z/Yen 与中国（深圳）综合开发研究院于 2018 年 3 月联合发布的第 23 期"全球金融中心指数"（Global Financial Centres Index 23，GFCI 23）研究报告，新加坡是全球第四大国际金融中心。

在新加坡的发展历程中有两个重要的时间节点：一是 1965 年新加坡独立；二是 1997 年亚洲金融危机。前者使新加坡成功晋身"亚洲四小龙"；后者使其化危为机，寻找到新的增长点。

新加坡的崛起，在于独立之后利用"亚洲十字路口"的区位优势大力发展航运、转口贸易、造船及炼油等行业。新加坡国父李光耀在《李光耀回忆录——经济腾飞路》一书中这样写道："这个位于东南亚的城市岛国要生存下去，就必须非比寻常。为了取得成功，我们必须做出非比寻常的努力，使我们的人民更加团结，更加刚强勇猛，更加有适应力，工作效率必须比邻国高，成本却比他们低。他们一心要绕过我们，取代我们一直扮演的区域转口和中介中心的角色，我们必须与众不同。"

新加坡人民的这种"非比寻常的努力"，同样体现在亚洲金融危机之后对于本国的金融改革上，使得新加坡实现了从"转口贸易"到"转口金融"的转型，从"东方直布罗陀"成长为"东方瑞士"。

1997 年席卷亚洲的金融危机，是新加坡厉行金融改革的大背景。尽管新加坡在此次危机中并没有如韩国、泰国、马来西亚等国家一样受害之深，但"亚洲四小龙"发展过于依赖电子制造业和转口贸易的弊端已经显现。1998年2月，新加坡正式出台了建设世界级金融中心的蓝图，并由当年1月刚刚出任新加坡金融管理局（Monetary Authority of Singapore，MAS，以下简称"金管局"）主席的李显龙负责整体推进工作。在新加坡，金管局扮演"央行"的角色，而李显龙成为后来的新加坡总理并担纲金融工作，可见这一规划的长远性与重要性。

新加坡希望通过建构七大支柱支撑自己的金融中心梦想——国际性资产管理中心、债券中心、证券及衍生品交易中心、外汇交易中心、保险业中心和离岸金融中心。其中，以私人银行和财富管理为两大业务支点的资产管理中心成为重中之重。李显龙本人挂帅，并组织金融业界人士、咨询顾问、政府官员等精英成立了金融工作服务小组，讨论如何进一步扩大新加坡的引资能力，同时进行透明有效的监管。

20年后再来检视新加坡金融中心的建设进度，七大支柱的落实情况应该说成绩斐然。来自金融业的收入占新加坡国内生产总值，已由20世纪70年代的5%提升至12%以上。据统计，新加坡现在有各类金融机构600余家。其中，银行近120家，投资银行50余家，保险公司130余家，保险中介公司60余家，基金管理公司100家，证券行60余家，期货公司30余家，财务顾问50余家。在面积仅为700多平方千米的土地上，汇集了如此众多的金融机构，其密集度和多样化足以覆盖新加坡经济发展对金融的巨大需求。

1.1 聚拢外来财富，使财富管理成为核心优势

新加坡金融改革后，发展最成功的是财富管理和私人银行领域。根据

金管局历年来关于资产管理行业的调查报告,新加坡金融机构的资产在管规模(Asset Under Management,AUM)基本保持逐年上升(图5-1),2013年已经达到1.82万亿新加坡元(以下简称"新元"),约为1998年的10倍,全球排名仅次于瑞士。

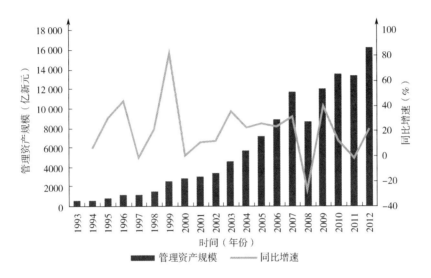

图5-1　新加坡管理资产规模急速攀升(1993—2012年)

注:该图数据来源于新加坡金管局。

近年来,亚太地区的高净值人群数量和资产规模攀升速度雄冠全球,财富管理成为亚太各大金融中心的必争业务。在1997年金融危机之前,新加坡就凭借稳定的政治秩序、良好的经济增长环境及中立国的身份成为东南亚富豪的金融避风港。例如,印度尼西亚、马来西亚等国家的许多华裔富豪,出于对本土政治安全或是本国腐败成本的担心,纷纷将巨额财富转移至新加坡进行管理。

新加坡吸引了瑞士联合银行(UBS)、瑞信(Credit Suites)等以私人银行、资产管理见长的公司设立亚太区域总部,其在新加坡的业务规模仅次于大本营瑞士。新加坡不仅有星展银行等6家本土银行，更有117家外资行在当地开展业务，汇丰银行（HSBC）和渣打银行（Standard Chartered Bank）甚至已经将其全球私人银行总部设立在新加坡，不同私人银行也针对自有客户特征进行了服务细化。更值得一提的是，2013年7月，瑞士中央银行在创立107年以后选择在新加坡设立其首个海外分支机构。

聚拢富人的资金，以新加坡为支点投资周边国家，成为新加坡政府在金融改革中提出的策略路径。咨询机构普华永道（PwC）对私人银行家进行的一项调查显示，新加坡严格的《银行保密法》以及有利于非本国居民的税收制度，使其成为开展亚洲地区财富管理业务的首选之地。虽然《银行保密法》在全球税务透明化的环境中可能已经不再成为一个优势，但税务制度的优越性依然成为吸引周边国家富豪的一个重要因素。

新加坡的个人和企业税率水平都很低。2012年，新加坡的个人所得税率为2%~18%，而美国的最高个人所得税率为35%，欧盟国家的平均个人所得税高达36%。

在企业所得税方面，新加坡自2009年开始将企业所得税降至17%，美国的企业所得税为35%，欧盟国家的平均企业所得税为21.5%。

（1）1968年，新加坡政府取消了非居民存款人在利息收入上的预扣税。

（2）1972年，新加坡取消了对亚洲货币单位20%准备金的规定，免除了对提货单和可转让定期存单的印花税征收。

（3）1977年，新加坡对亚洲货币单位各项离岸所得仅征收10%的所得税。

（4）1983年，新加坡政府对当地银行、金融机构等采用亚洲货币单位提供的银行贷款免征所得税。

新加坡的税种中没有资本利得税。2012年，全球最大的社交网络公司脸谱（Facebook）的联合创始人之一爱德华多·萨维林，在脸谱上市前不久放弃了美国国籍加入新加坡国籍。舆论普遍认为，此举是为了免除向美国税务部门缴纳一笔不菲的资本利得税——据彭博社测算，萨维林拥有的脸谱股票价值为24.4亿美元，移民新加坡后可免除约1.44亿美元资本利得税。当然就萨维林本人阐述，他是被新加坡自由安全的生活方式所吸引。之后，萨维林确实长居新加坡。2018年，他以118亿美元的身家高居《福布斯亚洲》新加坡富豪排行榜第二，路人时常看到他开着跑车在沿海高速享受拂面的海风。

同时，新加坡允许离岸基金和境外个人投资者享受"超国民待遇"。在政府金融激励计划（Financial Sector Incentive Scheme）中，对海外基金设立的新加坡分支机构提供税收优惠。受新加坡监管机构认可的单位信托基金（Unit Trust）仅需缴纳少量特定的收入税，而离岸基金享受免税优惠。在最新的S-13X税务架构下，符合条件的家族办公室更能享受完全的税收减免待遇。

在个人投资者这一端，新加坡的个人投资者如果投资的是房地产基金或单位信托基金，无须缴税，境外个人投资者也几乎不用缴税。此外，自2008年2月开始，新加坡不再征收遗产税，这也是吸引众多高净值人士投资于此的原因。

新加坡法制健全，监管严格，违法成本很高，财富管理和私人银行行业整体声誉良好。新加坡的《银行保密法》甚至比瑞士相关法规更为严格，若违反该法，个人可被处以不超过12.5万新元（约合10万美元）的罚款，或者不超过3年的监禁，或两者并处。若为法人团体，可被处以不超过 25 万新元（约合 20 万美元）的罚款。

同时，相对稳定的新币汇率、完善的资本市场以及其多元的人才队伍，也有利于新加坡抓住正在崛起的亚洲财富。一些分析人士表示，不少中国富豪也开始将目光转向新加坡，认为新加坡更能提供完全意义上的离岸解决方案。

伴随着更多欧美财富拥有者的目光东进，加之亚洲新兴经济体高净值人群的日益成长并成熟，新加坡这样成熟的金融中心成为高净值人士的新选择。新加坡既没有遗产税，也没有资本利得税，税制简单，且投资换居留权的门槛较瑞士低很多，因此吸引了大量的"流动富豪"（一半时间在国外度过的富豪）。根据法国凯捷顾问公司和加拿大皇家银行发布的《2012 亚太财富报告》，自从 2011 年起，亚太区高净值人士数量增至 337 万人，首次超越北美成为全球最大富裕人士市场。该报告还指出，亚洲的"流动富豪"中有近 1/3 的人将新加坡作为首选海外定居地。

1.2 大力发展金融基础建设，从"转口贸易"到"转口金融"

新加坡大力发展金融基础建设，其七大支柱金融产业为私人财富管理业的发展打下了扎实的基础。

2017 年，新加坡资产管理行业增长强劲，AUM 增长 19% 至 3.3 万亿新元，即 2.4 万亿美元。在估值上升和流入亚洲市场的背景下，传统和另类资产的增长基础广泛。传统行业资产管理规模增长 20%，私募股权（PE）和对冲基金经理领导的另类行业资产管理规模增长 17%。

根据新加坡金管局的资料，在新加坡成立的基金，其资金来源和投资目的地主体都不在新加坡本土。2017 年，78%的在管资产来自新加坡以外地区，而 90%的资产又配置于新加坡境外。在管资产总投资的 67%投资于亚太地区，对东盟国家的投资占在管资产的 39%。这些都充分证明了新加坡在这一过程中居于中转站地位，在资产的一进一出之间获利良多。从转口贸易，到离岸财富管理中心，缺少腹地、国土面积只相当于北京五环内区域的新加坡，深谙借力之术，正是遵循着类似"转口平台"之道壮大。

2007—2013 年，在新加坡注册的基金投资的主要区域见表 5-1。

表 5-1 在新加坡注册的基金投资的主要区域（2007—2013 年）

（单位:%）

主要区域	2007 年	2008 年	2009 年	2010 年	2011 年	2012 年	2013 年
亚太地区	57	52	61	64	60	70	67
欧洲	11	8	8	8	8	10	12
美国	3	6	5	7	8	9	11

注：数据来源于新加坡金管局。

在吸引资产管理公司入场上，新加坡政府多管齐下，动用政府资本，甘当"市场小白鼠"。2001 年年底前，新加坡拨出 350 亿新元的政府基金交由私营基金公司管理。此后的两年间，新加坡资产管理公司在数量上增加了 18%，发展到 191 家。比对金管局 2002 年度和 2012 年度的行业年报可以发现，围绕资产管理行业的从业人员在这 10 年间增长了 2 倍多，从 2002 年的 1012 人增长至 2012 年的 3312 人，其中包括 295 位资产配置专家、359 位交易员、1085 位分析师、1573 位基金经理，见表 5-2。如今，越来越多的国际金融、投资机构把亚洲高级管理层部署在新加坡。同时，新加坡的金融发展基金（Financial Sector Development Fund）还向基金经理提供专业培训方面的资金支持。

表 5-2　新加坡投资专家组成结构

年份	投资专家数量（人）			
	基金经理	投资分析师	交易员	资产配置专家、经济学家
2002 年	695	294	—	23
2006 年	934	619	186	47
2009 年	1153	980	301	88
2012 年	1573	1085	359	295

注：数据来源于新加坡金管局。

作为亚太地区成熟的资本市场之一，新加坡交易所（以下简称"新交所"）是优质上市地点，其中约 40% 的上市公司是外国公司，业务范围涉及亚太地区（特别是东南亚地区），以及更远的欧洲和美洲地区。新交所上市公司的主要业务范围覆盖房地产、航运和近海船舶和基础设施等不同领域。新加坡是亚洲第二大的房地产投资信托基金市场，并在新交所提供广泛的商业信托清单，包括航运、航空和基础设施资产。

新加坡已成为亚洲重要的保险中心。除了本地拥有的参与者外，还有许多主要的国际保险公司和再保险公司都在新加坡。他们共同提供全方位的保险服务，以满足国内市场的需求。离岸保险业务已成为行业增长的主要推动力，占财产险业务总量的一半以上。如今，新加坡拥有众多直接保险公司、再保险公司和专属保险公司，以及强大的保险中介机构和辅助服务提供商网络，许多世界领先品牌都出现在这里。

新加坡作为主要的全球贸易和资金中心，也支撑着巨大的外汇及场外衍生品的交易需求。新加坡拥有主要的全球外汇交易商，为十国集团货币以及亚洲新兴市场货币的交易和对冲提供了深度和流动性市场。国际清算银行（BIS）2016 年三年度调查显示：2016 年 4 月，新加坡的平均每日外汇交易量为 5170 亿美元。新加坡成为全球第三大外汇中心、亚洲最大的外汇中心、亚太地区第二大场外利率衍生品中心。

1997 年亚洲金融危机之后，新加坡债券市场的深度和广度都得到了进一步的拓展。为了打造债券中心，1998 年，新加坡政府在自身有很高盈余预算的情况下，仍持续增加债券发行，提高市场供给。同时，1998 年 8 月，新加坡金管局出台的"757 号公告"，还允许外国公司将债券发行收入兑换成外币。在持续吸引境外企业发行多元化货币债券之下，目前，非新元债券与新元债券的发行规模不相上下。凭借广泛的新加坡政府债券和外国公司债券，新加坡为固定收益投资者提供了广泛的投资机会。新交所的最低认购规模较低，且可交易的债券发行也可供零售市场使用。

2017 年，新加坡债务资本市场增长强劲：当年的债务发行总额达到 2590 亿新元，比 2016 年的 1860 亿新元增长了 39.25%。这是由 166 家发行人发行的，其中包括 103 家重复发行人。2017 年，未偿还债务总额增长 19% 至 3860 亿新元。

同时，金融业也是新加坡成为智慧国家的雄心壮志的重要组成部分。着眼于未来，新加坡正在努力成为智能金融中心。

在金融科技（FinTech）快速发展的背景下，利用金融科技的新兴金融产品或服务正变得越来越复杂，创新是否符合监管要求存在不确定性。同时，在不太明确新的金融产品或服务是否符合法律和监管要求的情况下，一些金融机构或初创企业可能会谨慎行事并选择不实施创新举措。这种结果显然是不愿被看到的，因为有希望的创新可能会被扼杀，导致整体经济失去活力甚至错失转型良机。

2015 年 8 月，新加坡金管局内部成立了金融科技与创新集团（FTIG），以推动智能金融中心战略。FTIG 下的三个办事处负责制定监管政策并制定战略，以促进技术和创新的应用，从而更好地管理风险、提高效率，并增强金融部门的竞争力。

金融科技涉及利用技术设计新的金融服务和产品，是建立智能金融中心的关键因素。发展充满活力的金融科技生态系统需要新加坡政府机构之间的密切合作，金融科技办事处成立于 2016 年 5 月 3 日，作为所有金融科技相关事务的一站式虚拟实体，并将新加坡作为金融科技中心进行推广。

金管局正在鼓励更多的金融科技实验，以便有希望的创新可以在市场上进行测试，并有机会在新加坡和国外得到更广泛的应用。新加坡为金融科技的发展提供了独特的价值主张，包括：

（1）充满活力和协作的金融科技生态系统，包括初创企业、信息技术公司、金融机构、投资者、研究机构、高等院校、创新专业人士和政府机构。

（2）通过应用程序编程接口（API）开放银行平台，以加快行业内新旧 IT 系统的创新和集成。

（3）沙盒（SandBox）作为在受控边界内试验和推出创新产品和解决方案的安全空间，使金融机构和金融科技公司的企业能够在明确定义的空间和持续时间内尝试创新的金融产品或服务；辅以适当的保障措施，以遏制失败的后果，并保持金融体系的整体安全性和稳健性。

（4）制订金融部门技术与创新（FSTI）计划，以支持创建一个充满活力的创新生态系统。

自 2006 年以来，金管局一直与本地和外国大学以及研究机构密切合作，在新加坡建立了一个充满活力的旗舰培训和研究中心生态系统。这里的旗舰研究机构包括：新加坡国立大学风险管理研究所、新加坡管理大学-

法国巴黎银行对冲基金中心、新加坡管理大学-Sim Kee Boon 金融经济研究所（SKBI）、法国北方高等商学院（EDHEC）风险研究所、南洋理工大学风险管理研究所（ICRM）、财富管理学院（WMI）等。

1.3　新兴国际金融中心当前面临的最大挑战

新加坡以吸引买方资金为定位，辅以税收、立法等各种激励措施，成功打造转口金融平台，并有看齐瑞士的趋势。但与此同时，反洗钱和全球税务信息透明化运动，或是新加坡当前面临的最大挑战。

历来的"避税天堂"都往往与"洗黑钱"脱不了干系，作为逐渐成长的财富管理中心，新加坡已受到欧美各国的关注，并一度登上经合组织"避税天堂"灰名单。

客户跨境偷漏税本就是离岸金融中心兴起的一大人性支撑。2013 年 5 月，国际调查性记者联盟（ICIJ）发表《全球离岸资金迷宫内幕》一文，新加坡最大的财富顾问公司保得利信誉通卷入其中，原因是其涉嫌为大量海外企业和高净值人士开设离岸账户以逃避纳税。当经济利益遭遇国家政治的博弈，成长中的风险依稀可见，瑞士这几年的遭遇正是前车之鉴。

在美国加紧调查海外避税者后，瑞士银行全球财富管理业务前主管拉乌尔·威尔遭到跨国逮捕，以至于瑞士的不少银行职员再也"不敢"出国。如果新加坡资管业者也被"禁足"，他们将会更郁闷——新加坡的国土面积可只有瑞士的 1.7%。

新加坡面临着和瑞士同样的压力，必须在其《银行保密法》和相关信息披露之间取得平衡：一方面，保障合法的财富管理行为受到保密尊重；

另一方面，要打击逃税。

与此同时，新加坡宣布将在打击跨境偷漏税犯罪方面进一步开展国际合作。从 2009 年开始，新加坡就认可了全球税务信息分享的国际标准 CRS，和 CRS 成员国共享非税务居民的税务信息，并允许国内税务局在没有法院指令的情况下从金融机构获取相关资料并转交这些信息。新加坡也与美国签订了跨政府协议，新加坡的金融机构遵守美国的《海外账户纳税法案》（FATCA），定期提交美国人在新加坡的账户信息。

新加坡《联合早报》比较了新加坡和瑞士选择的不同。新加坡与美国签署的《海外账户纳税法案》协议是选择所谓的第一模式，即新加坡的金融机构将美国账户的资料交给新加坡政府机关，然后由新加坡政府转交给美国。而瑞士则选择了第二模式，由瑞士的金融机构直接将资料呈交给美国税务局，瑞士的金融机构不必冻结违法的美国账户。这表明瑞士在维护其银行客户隐私方面采取较保守的立场。瑞士也反对资料的自动交换，而是采取较迂回方式，只将逃税的钱交给相关国家，而不会透露账户的名字及其他详情。

而从 2013 年 7 月 1 日开始，在新加坡，重大的税务罪案将与"洗黑钱"同等严重，因此这里的金融机构必须在此之前彻查所有的账户，以确保这些客户没有逃税的问题。《联合早报》认为，金融机构对逃税的客户需负法律责任，再佐以美国《海外账户纳税法案》的严格要求，都将大大增加金融机构的风险与成本。

在与瑞士的竞争中，新加坡正展露出独特的优势，但如果对挑战处理不当，这些优势则将很快被削弱。可以说，财富管理带来的巨大收益和夹杂的问题，正成为新加坡发展道路上的一个新难题。

新加坡和瑞士在理财行业的优劣势比较见表 5-3。

表 5-3　新加坡和瑞士在理财行业的优劣势

优势领域		劣势领域	
新加坡	瑞士	新加坡	瑞士
亚洲新兴经济体高净值人群上升，2011年亚太区高净值人士数量增至337万人，首次超越北美成为全球最大富裕人士市场 更严密的银行法规：违反《银行保密法》，个人可被处以不超过12.5万新元（约合10万美元）的罚款，或不超过3年的监禁，或两者并处。法人团体，可被处以不超过25万新元（约合20万美元）的罚款 更低税赋：免征遗产税，对非居民的海外收入及在新加坡的投资收入免征税赋，无资本利得税 投资移民门槛较低：投资250万新元可换取永久居留权，初次5年有效，之后再进行有条件续签	欧洲近年来金融体系不稳定，欧元区客户有在亚洲配置资产的需求 若违反《瑞士联邦银行与储蓄银行法》，泄露客户机密，将被处以最高入狱6个月或最高罚款5万瑞士法郎（约合5.2万美元）；如因疏忽泄露信息，会处以不超过3万瑞士法郎的罚款 采纳了欧洲储蓄指令，对符合条件的部分离岸资产征收35%的代扣所得税 投资移民门槛高：在当地银行存入250万瑞士法郎保证金，只能换取1年多次往返签证	专业人才缺口较大，短时间内难以弥补 客户群体较为集中，主要为亚洲区富人，且多要求绝对收益 资产的配置类别集中于股票、债券 市场拥挤，供给有限，收益率不稳定	拥有成熟的私人银行及财富管理类投资专家 品牌成熟，客户群体国际化程度更高，以财富保值增值为主要目标 资产配置更加多元化 稳定的运行机制，回报更乐观

注：根据公开资料整理。

1.4　重整平台优势，行业整合进行时

新加坡的平台优势很强。位于马来半岛最南端的新加坡，扼守着马六甲海峡入口处的航行要道，交通便利，地理位置十分优越，有着"亚洲十字路口"的美誉。新加坡的区位优势很容易转化为财富管理中心，富人也会考虑地理上的便利因素。

例如，在海外信托架构的设立中，新加坡被认为是除了开曼群岛等离

岸岛屿外亚太地区最为合适的候选地，因为其离岸信托法律法规完备，税收优惠，是独立主权国家。新加坡可在 7 小时飞行半径里覆盖众多亚洲国家和地区，尤其是对于离岸信托有时效性要求的亚太客户，在欧洲下单后还有 24 小时时滞，而新加坡则不存在。

受监管因素、成本增加和盈利缩水等因素影响，全球大多数国际银行出现了去国际化、偏重区域化发展的趋势，他们急于回归本土发展，为新加坡当地私人银行发展创造了空间。

在亚洲范围内，我国的香港、上海和印尼的雅加达等新兴财富管理中心也有意参与这场私人银行发展竞争浪潮。全球各地的银行近年来都纷纷在新加坡设立区域性私人银行业务分支机构，使新加坡在这场竞争中具有一定的优势。

两大原因导致全球银行都在押注亚洲私人银行业务：第一，亚洲的投行业务高度饱和；第二，私人投资者成为投行更重要的收入来源。与西方富豪相比，亚洲的超级富豪更愿意进行公司股票发行等交易，这些交易能让投行部门创收。亚洲富豪也是新股和债券的重要购买人。

自 2010 年并购荷兰商业银行在亚洲的私人银行业务后，新加坡华侨银行（OCBC）的资产规模扩大了 3 倍。而新加坡私人银行星展银行收购法兴银行在亚洲的私人业务，被认为最能体现新加坡意欲成为亚太私人银行领军者的雄心。星展银行在给新交所的声明中称，收购法兴银行亚太私银业务的交易可使其管理下的高净值资产提高 20%，将有力促进其成为亚洲理财业的领军人物。

除了本土银行外，摩根士丹利之前也表示，未来数年内，该公司亚洲理财部门的员工数会翻番；与此同时，瑞士瑞信银行私人银行和渣打银行新加坡分行都在努力吸引亚太新兴经济体里的高净值客户。过去几年间，有些较小的私人银行在新加坡设立了办事处，包括瑞士的宝瑞银行和来自中东的 Gonet&Cie 银行，瑞士联合银行也获得了全面银行业务牌照。宝盛银行于 2012 年着手收购美林美银在海外的私人银行业务，据悉其主要业务就位于新加坡。

并购在继续，也意味着行业竞争还会加剧。一些行业专家分析称，新加坡规模较小的私人银行可能会在并购潮中幸存下来，因为他们的成本基础比较低。银行家们却认为，尽管东南亚财富不断增长吸引了许多银行竞相前往新加坡淘金，但这种增长并未转化为利润。许多外资银行匆忙进驻新加坡，却未对一些本土因素做充分考虑，如缺乏合格的客户经理、监管环境、客户资源以及与本地银行的竞争，这一系列因素可能会加大私人银行的成本压力。

监管日益严格、监管成本高企、地区增长不均衡、客户活跃水平低等原因，导致亚太财富管理行业仍然面临巨大的盈利压力。麦肯锡的亚洲私人银行业务负责人 Jared Shu 曾表示："不具规模就没有利润空间。大家都在寻求增长，因为规模是亚太地区利润的关键因素。"在亚洲，机构管理的资产规模至少要达到 300 亿美元才能创造利润。一部分国际大银行的资产管理规模达到了这一水平，但大多数银行的资产规模还在 150 亿美元以下，激烈的竞争促使银行纷纷扩大招聘规模和资产管理规模。

亚洲的财富增长步伐正在吸引更多年轻人进入私人银行领域。曾经，大多数毕业生挤破头地往投资、销售或交易等部门工作，但这几年对财富管理感兴趣的年轻人大幅增加。私人银行部门也有这方面的需求，他们不仅想吸引"超富"阶层，还希望为富裕程度稍低的客户提供服务，这部分手持 300 万美元左右资产的客户更愿意购买银行推荐的投资产品，是私人银行业务的核心客户群。

二、金融监管体制设计和监管思路

2.1 监管体制设计

政府支持、税收优惠政策和符合国情的监管政策,被认为是新加坡作为区域国际金融中心形成和发展的三大支撑因素。

新加坡政府通过"内改外引"的方法不断改革和完善新加坡的金融制度。同时,符合新加坡国情的金融监管体系的机构设置,也有效促进了新加坡国际金融中心的发展。

为在强化宏观控制的基础上创造宽松的金融环境,新加坡政府分别设立了金管局、新加坡货币委员会(Board of Commissions of Currency)和新加坡政府投资公司(Government of Singapore Investment Corp,GIC),以执行金融监管、货币发行和管理外汇储备的职能。在实施金融管理中,三者完全独立行使职权,没有政府及其他任何部门的干预。

新加坡通过设立货币委员会,增强国际金融机构和公众对新元的信心。事实上,货币稳定是新加坡成为国际金融中心的重要条件。成立金管局,实施对国内金融的全面监管,有助于提高金融管理当局的宏观调控能力和金融管理水平。同时,随着新加坡外汇收入的不断增加,外汇资产余额越来越大，应尽可能使其保值增值。国际投资的风险很大，金融不稳，必然殃及经济整体。鉴于此，新加坡专门设立了高规格的政府投资公司，如颇具盛名的淡马锡控股公司（Temasek Holdings），以保证外汇资产的投资安全。这样的设置显示出新加坡政府在设计国际金融中心蓝图时的远见卓识。

1971年成立的新加坡金管局，其主要职责是拟定货币政策、管理国家储备金和发行政府债券、监管金融业、促进与发展金融中心。但与此同时，金管局也被赋予了足够的权力，以便能有效地行使中央银行对整个金融活动的宏观调控和监管功能，并监管外汇、银行、保险、证券与期货等业务。由于允许金融机构混业经营，因而金管局的监管部门设银行署、保险署和证券署，分别负责本行业的监管。

新加坡政府投资公司成立于1981年5月，专门负责金管局和货币委员会大部分外汇和黄金资产的管理，将这些资产投资于有价证券和不动产，以维护资产的保值增值。

这种职权分工，既互相独立，又互相制约。

与1997年亚洲金融危机之前的"严厉监管"思路不同，在危机之后，新加坡金融监管则以"披露为本"，鼓励创新发展。为适应金融混业经营的需要，其在资本市场发放通用牌照——资本市场服务牌照（Capital Market Service License，CMSL），持牌机构可以同时进行券商、基金、期货、REITs管理等业务而无须单独报批。申请此类牌照的金融机构也增长最快，从2003年的166家增长到2012年的250家。曾有调查显示，在新加坡，获取金管局的批准只需两周左右，而申请私人银行牌照则需要12~18个月。

新加坡的法律环境既有监管的一面，也有服务的一面，更懂得因时而异。光大控股总裁陈爽就曾提到,相比某些地区要通过烦琐程序操作才能达成避税效果,新加坡则以法规明文确定离岸基金属于免税范畴。2004年年底,新加坡政府修改信托法,允许外国人不受法定继承权的比例限制,并清晰界定了受托人与授予人的关系。2006年2月1日,新加坡出台《信托公司法案》(Trust Companies Act),持牌信托公司也从2007年的31家增至2012年的50家。

2.2 新加坡对私人银行和财富管理业务的监管

新加坡的私人财富服务由各种金融机构提供,包括银行和基金管理公司。

金管局(MAS)是新加坡的中央银行和最主要的金融监管机构,负责管理新加坡《证券及期货法》(SFA)第289章、《财务顾问法案》(FAA)、《银行法》和MAS金管局发布的法案。

在新加坡,基金管理行为受新加坡《证券及期货法》(SFA)的监管,指通过管理客户的资金,代表客户(无论是否由客户授予的酌情权或其他方式)进行证券或期货投资管理、外汇交易或外汇杠杆交易。除非另有豁免,否则在基金管理方面经营业务的公司需要持有资本市场服务许可证(CMSL)进行基金管理或在MAS注册为注册基金管理公司(RFMC)。

RFMC仅限于为最多30名合格投资者(其中不超过15名可以是基金或有限合伙基金结构)提供服务,并管理2.5亿新元以上的管理资产。合格投资者包括参考经认可的高净值人士、机构投资者,或投资人均为合格投资者的基金,以及有限合伙人均为合格投资者的有限合伙。获得许可的银行和商业银行可以免除在资金管理中持有CMSL的要求,前提是他们向

MAS 提交相关通知[一]。

在新加坡，银行业务（包括在活期或定期账户上接收资金、支付和收取支票以及预付款）受新加坡《银行法》第 19 章下的许可要求的约束，并在金管局发布的《商业银行营运指引》下运作，并且是金管局法案（MAS 法案 186 章）下批准的金融机构。

《财务顾问法案》（FAA）则专门监管向客户提供财务咨询的服务，包括直接或通过出版物或著作向其他人提供有关任何投资产品的建议。

同时，新加坡金管局还发布适用于银行、商业银行、CMSL 持有人和 RFMC 的通知、指南、通告和其他书面指示。以上这些指示可在 MAS 网站上获得。

另外，新加坡银行业协会（Association of Banks in Singapore，ABS）是一个代表商业和投资银行界利益的非营利性组织，也是最主要的私人银行部门的行业自律组织。

新加坡银行协会 ABS 发布的《私人银行行为准则》（Private Banking Code of Conduct）规定了提供金融服务的金融机构的胜任能力和市场行为良好做法标准。

在财富管理方面，新加坡有两份重要文件：

第一份是私人银行行为准则。这一准则始于 2010 年，由多位资深私人银行从业员所组成的私人银行咨询委员会在金管局的支持下编辑而成。该准则分为两大部分：

[一] 新加坡监管框架下的主要投资者类别包括经认可的投资者、机构投资者、专家投资者和散户投资者。目前，经认可的投资者包括个人净资产超过 200 万新元或前 12 个月收入不低于 300 000 新元的个人，或净资产超过 1000 万新元的公司。机构投资者包括持牌银行、商业银行、持牌保险公司、持牌金融公司、新加坡政府或根据新加坡法规成立的法定机构。

第一部分着重于私人银行从业人员的专业能力（Competency）。所有私人银行从业人员必须通过客户咨询专业能力（CACS）的评估，评估内容除了包括市场操守与产品知识，还规定了所有私人银行从业人员每年应接受不少于15小时和私人银行有关的特定培训，并清楚列明培训的内容。

第二部分是私人银行机构与从业人员的市场行为准则。包括个人操守、利益冲突的管理、客户财富来源的认知、理财咨询服务的标准、联系客户须知、为客户提供信息的最低标准、对客户资料的绝对保密、客户投诉的处理方式、新产品发售前的准备、对舞弊行为高发领域的监控，如职责分离和强制性休假，以及代客收函服务的管理。

第二份是新加坡金管局私人银行业务管制的指导原则（MAS Guidance on Private Banking Controls）。这一原则始于2014年，是金管局多年累积的对私人银行业者的业务检查所得到的结论。该指导原则分为三大部分：

第一部分是对反洗黑钱反恐的管制。包括介绍高风险客户群、如何了解客户、对客户背景应做调查、关注使用复杂结构进行投资的机构、对客户的例行评介、户口活动的检测、中介的应用以及可疑交易的上报（Suspicious Transaction Reporting）等。

第二部分是对舞弊行为的监控。包括如何确保客户的指示确实来自客户、代客收函服务的监控、久未启用的户头管理以及防范客户资料被篡改的方法等。

第三部分是投资的适合性。包括客户的投资理念和投资经验知识、产品风险的规划以及咨询和销售的过程等。

在准入方面，在新加坡注册成立的私人银行必须维持至少15亿新元的实收资本和资本金，但是新加坡注册的批发银行只需要维持1亿新元的实收资本。在新加坡境外注册成立的私人银行必须维持总部资本至少2亿新元。持牌私人银行亦须遵守基于风险的资本要求以及 MAS 所施加的其他监管资本要求，如首席执行官、副首席执行官和银行财务主管必须符合 MAS《适合和适当标准指南》的适当标准。

在新加坡注册成立的投资银行必须始终保持至少 1500 万新元的实收资本和资本金，而总部位于新加坡境外的投资银行则必须保持净总部资金不低于 1500 万新元。同样，投资银行还必须遵守基于风险的资本要求以及 MAS 规定的其他监管资本要求。

适用于基金管理的基本资本要求取决于基金管理公司的目标客户。对提供给除合格投资者或机构投资者以外的、任何投资者的任何集体投资计划（CIS）进行基金管理的基金管理公司，必须维持 100 万新元的基本资本。

代表除合格投资者或机构投资者以外的任何客户进行基金管理的基金管理公司，必须维持 50 万新元的基本资本。仅作为风险投资基金经理进行基金管理的基金管理公司，不受基本资本要求的约束。

在所有其他情况下（包括 RFMC）进行基金管理的 FMC 需要维持 25 万新元的基本资本。CMSL 基金管理持有人（不包括风险投资基金经理）必须遵守 MAS 规定的基于风险的资本要求，股东、董事、代表和员工以及 FMC 本身也必须满足 MAS《适合和适当标准指南》中的适当标准。

此外，还有根据金管局"基金管理公司的许可，注册和商业行为准则"所设定的最低能力要求（如指定雇员的最低数量）以及适用于 FMC 的其他合规安排。

持牌银行必须遵守《银行法》及其下发的附属法例的持续合规要求，以及 MAS 发布的通知和指引，其中包括遵守对被禁企业的限制、银行保密义务、对贷款的限制和对风险的限制以及监管备案义务。银行还必须遵守金管局"第626号文"及配套指引中"防洗钱及打击资助恐怖主义"规定的反洗钱义务。

在新加坡,投资银行必须在投资银行运营指南(the Guidelines for Operation of Merchant Banks)的约束下运作,不得以新元的形式接受存款或向公众借款,但银行、财务公司、股东和股东控制的公司除外。但是,投资银行可以获得金管局的批准,建立并运营一个可以进行非新元计价银行业务的亚洲货币单位。投资银行还必须遵守金管局发布的通知和指南中的持续合规要求,包括遵守与银行保密有关的义务、对贷款的限制和对风险的限制以及监管备案义务。投资银行还必须遵守《MAS给VCC的关于防止洗钱和打击恐怖主义融资的通知》(MAS Notice to VCCs on Prevention of Money Laundering and Countering the Financing of Terrorism)规定的反洗钱义务。

基金管理公司FMC必须遵守SFA及其附属法规的持续合规要求,以及MAS发布的通知和指南。这些措施包括确保受管理资产受独立监管和独立评估及客户报告、减轻利益冲突并确保向客户提供充分披露,以及监管备案义务(但风险投资经理可能不涉及部分的监管要求)。RFMC还需要监控所管理资产的规模,以确保其遵守管理资产2.5亿新元的限额。

FMC还必须遵守MAS《关于资本市场中介机构关于防止洗钱和打击资助恐怖主义的规定的反洗钱义务的通知》(MAS Notice to Capital Markets Intermediaries on Prevention of Money Laundering and Countering the Financing of Terrorism)。

此外,根据《证券及期货(牌照及业务经营)规例》第54条,已援引豁免牌照进行基金管理的银行及商业银行亦须遵守《证券及期货(牌照及业务经营)规例》的某些现行合规规定。其中包括:任命其员工作为授权代表,并确保他们遵守《资本市场服务许可证持有人或豁免机构代表最低准入和考试要求通知》(the Notice on Minimum Entry and Examination Requirements for Representatives of Holders of Capital Markets Services licence and Exempt Financial Institutions under the SFA)。

金管局拥有广泛的权力,可以根据《银行法》第20条和新加坡《证券及期货法》(SFA) 第289章第95条分别规定的理由,撤销银行或CMSL持有人的许可证。MAS也可以基于SFA第99(6)条规定的理由撤销RFMC的资格。此外,如果出于公共利益,MAS还可以撤销MAS法案下对投资银行的批准。

三、财富管理人才的培训和培养

财富管理行业很重视"人"的因素,人才的储备是竞争的核心。新加坡吸引了全球许多顶尖财富管理机构落户为客户理财,随即而来的问题便是人力资源的短缺,人才瓶颈显然成为不可忽视的关键问题,新加坡也明确认识到了这一点。新兴的亚洲财富管理市场非常缺乏相关专业人士,新加坡最初的财务管理从业人员仅有千余人。

某新加坡私人银行工作人员对《国际金融报》记者表示,在新加坡,本土银行和外国银行之间的人力资源竞争特别激烈,不过整个行业内非常鼓励这样的人才流动,因为新加坡的最终目的是建立一个强大的私人银行业生态系统,包括资产管理、本地和国际多样化人才、发达的资本市场、信托投资公司、慈善事业、家庭办公室和配套服务提供商(如税务、法律顾问、顾问和技术平台提供商)等。

当然,业界互相高薪"挖角",也容易造成恶性循环,拥有大客户群或知名度高的财富管理专业人才(如"明星"客户经理和产品经理)的薪金不断攀升。也是在这一关键时刻,金管局态度明确,除了对不健康的"挖角"行为进行劝阻外,更要求从根本上解决问题。即不仅要在微观上管理"树木",更要在宏观上把"森林"(财富管理的专业人才库)做大,随即一系列的人才培训与发展计划陆续出台。

2004 年,在新加坡政府投资公司(GIC)、淡马锡控股公司的大力资助和新加坡管理大学的学术支持下,现今颇负盛名的财富管理学院(Wealth Management Institute, WMI)开始主办财富管理理科硕士课程,持续提升在职人员的专业能力。至今,WMI 已成功培养了 480 名硕士研究生,7000 名在职人员完成了短期专业课程的学习。

早在 1974 年就已成立的银行与金融学院(IBF),在金管局和新加坡几家主要金融机构组成的理事会推动下,为金融人才培训做出了巨大贡献,为金融业界 13 个业务领域超过 50 个专业职务制定了金融业者专业能力鉴定的标准(FICS),并制定了"认可"私人培训机构的鉴定标准系统(Certification And Accreditation System)。被"认可"的私人培训机构在为金融业务领域中的专业职务提供培训时,学员将获得针对培训费的高额津贴。最近,IBF 精简了金融业者专业能力鉴定的标准,把过去 FICS 划分的 5 个职务水平(Job Level)简化为 3 个职务水平,并把 FICS 改称为"IBF 标准"(IBF Standards)。"IBF 标准"规定,私人银行的第一个职务水平的从业人员都需通过客户咨询专业能力(CACS 的评估,评估内容包括市场操守(Market Conduct)与产品知识(Product Knowledge)等。

仅凭大学和官方组织提供培训是不够的,金管局也积极鼓励金融业者开办"企业大学",包括提供财务资助金融机构设立培训设施等。此类"企业大学"的优势是,金融机构能量身定做符合业务发展情况的培训。

瑞银(UBS)是此类企业培训的"先行者"。早在 2007 年,瑞银就在新加坡设立了瑞银业务大学亚太校园(UBS Business University Asia Pacific Campus),于 2014 年为 32 000 名职员提供 16 000 个培训项目。瑞士信贷也于 2014 年在新加坡设立财富学院,作为其亚洲的培训中心,2014 年为 3500 名职员提供了 250 个培训项目。作为本土银行代表的星展银行,基于新加坡中产阶级日益增长的财富管理服务的需求,也设立了财富学院,以完善人才培养机制。

金管局在其金融奖学金项目（FSP）下资助有潜能的在职人员继续深造。除了培训之外，专业行为准则的制定与遵守也是发展财富管理专业人才的重要一环。

四、来自新加坡私人银行战略的启发

在缺少腹地的经济环境下,星岛何以晋级?寻找差异化的突破点、前瞻性的设计框架、知行合一的推动手段,是新加坡金融改革得以成功的关键因素。

新加坡共采取了三个步骤将其打造成"全球私人银行业之都"。

首先,用较低的税率增强竞争力。新加坡在减税的同时还创造了其他激励私人银行发展的模式。例如,在生活方式打造、基础设施建设、法律法规制定和投资环境改善方面非常具有针对性,这些环境对超级富豪们很有吸引力。

其次,新加坡也在着意培养财富管理和投资人才。例如,2003年成立的新加坡财富管理学院为私人银行业的发展培养了关键人才,这些人才不仅学习如何为本土客户服务,还在努力为外国优质客户提供更好的服务。

最后,在吸取瑞士的经验后,新加坡更加注重对本国《银行保密法》的严格实行。这被认为是成为亚洲私人银行中心的重要推力。

在全球税务信息透明化以及反洗钱的大潮中,新加坡与美国签署《海外账户纳税法案》(FATCA)协议,并成为CRS参与国,也出台了各种监管措施,如发现逃税客户将追究机构的连带责任等。这无疑将增加金融机构的违规成本,也会在一定程度上降低对高净值客户的吸引力。

在外部监管加强,各大银行巨头回归本土,亚洲区域内又遭遇中国香港加速发展、上海自贸区成立等竞争加剧的今天，新加坡的财富管理业和私人银行业，是否会继续发扬南洋人民"不怕输"的精神奋力前行？我们拭目以待。

本章作者简介

张智怡先生：现任UBS瑞士银行新加坡分行董事，主要服务大中华区客户的海外私人银行业务。于2018年加入瑞士银行，此前服务于中国银行、招商银行私人银行部。是中国境内较早从事私人银行业务的专业人士，在中国银行期间曾参与所在分行的私人银行部门筹建工作，后担任招商银行所在分行私人银行部主管一职，团队管理客户资产超过百亿元人民币。在为华人背景高资产个人及家族提供财富规划咨询方面具有丰富经验。与相关团队携手为客户提供身份筹划、税务筹划、信托架构、法律合规、长期投资方案、投资组合设计等全盘考量方案。张智怡先生也秉承一站式服务理念，在新加坡谨慎筛选会计师事务所、律师事务所、教育服务机构、房地产经纪机构、保险经纪机构，以期整合资源，高效达成客户以新加坡为中心、覆盖东南亚乃至全球的财富规划目标。曾获得第八届福布斯中国优选理财师全国铜奖，并蝉联2017年度、2018年度、2019年度美国注册财务策划师学会RFP"中国区百强精英会员"称号。

中国：香港理财业务的曲折与辉煌

一、香港金融服务业的发展历史和现状

1.1 金融服务业的全球地位

目前,香港是全球第三大金融中心,重要的国际金融、贸易、航运中心和国际创新科技中心,全球最自由经济体和极具竞争力城市[一],也是整个亚洲地区财富管理的重要城市。

在香港的经济发展历史中,有过两次经济转型。

1950年以前,香港经济以转口贸易为主。1950年以后,香港开始走上工业化发展道路。到1970年,工业出口占总出口的81%,标志着香港已从单纯的转口港转变为工业化城市,实现了经济的第一次转型。

20世纪70年代初,香港推行经济多元化方针,金融、房地产、贸易、旅游业迅速发展。从20世纪80年代开始,内地成为推动香港经济发展的主要动力,香港的制造业大部分转移到内地,各类服务业得到全面高速发展,实现了从制造业向服务业的第二次经济转型。

转型后,香港经济以服务业为主,尤其是与贸易和旅游相关的服务行

[一] 2012年10月,世界经济论坛发布《2012年金融发展报告》,香港连续两年高居榜首。2017年9月发表的全球金融中心指数(Global Financial Centre Index)中,香港位居第三名,仅次于伦敦与纽约。截至2018年,香港连续24年获得评级为全球最自由经济体,经济自由度指数排名第一。

业发达，包括旅游服务、贸易服务、运输服务、金融专业服务等。截至2005年，香港有85.3%的人从事服务行业，其中金融、保险、地产及商用服务业占15%。

截至2014年，香港的金融服务业（以下简称"金融业"）从业人数达23万，占就业人口的6.1%，对生产总值的直接贡献率为16%；金融业间接创造了10万个职位，对本地生产总值的间接贡献率为6%。仅金融服务业所产生的税收就高达400亿港元，从业员的人均生产总值是香港金融业平均值的2.5倍。

从事金融业的人士大多具有高学历，具有大专及以上学历的从业人员所占比例达67%，比平均水平高35%。另外，38%的从业人员属于经理级别及专业持证人员，专业人数的占比是其他行业的2倍。

香港是全球主要银行中心之一。截至2017年年底，香港金融管理局（以下简称"金管局"）认可的银行业机构共191家，其中包括持牌银行155家、有限制持牌银行19家和接受存款公司17家。银行体系认可机构资产总额22.70万亿港元，存款总额12.75万亿港元，贷款及垫款总额9.31万亿港元。

香港股市是全球重要的股票市场。截至2017年年底，在香港交易所挂牌（主板和创业板）的上市公司达2118家，股票总市值达34万亿港元，排名全球第六和亚洲第三。2017年，香港股票市场总集资额达5799亿港元，其中IPO集资额1282亿港元，排名全球第三。

香港也是全球规模最大的离岸人民币业务枢纽、融资及资产管理中心。截至2017年年底，香港银行体系人民币存款（含未偿还存款证）总额为6184亿元，贷款余额为1445亿元，经香港银行处理的人民币贸易结算总额为39 265亿元，人民币债券发行额为206亿元。

香港的私人财富管理业务包括注册机构的私人银行业务、持牌法团，以及注册机构的私人客户基金。亚洲的高净值人群规模在持续增长，2016年香港私人银行业务（40 590亿港元）及私人客户基金（11 440亿港元）的投资达52 030亿港元，较2015年的47 750亿港元上升了约9%。亚洲财富的日益增长，使得香港私人财富管理业务的潜在客户人数持续上升，相关从业人员的数量也在逐渐增加。

香港私人财富管理业务的资金规模如图6-1所示。

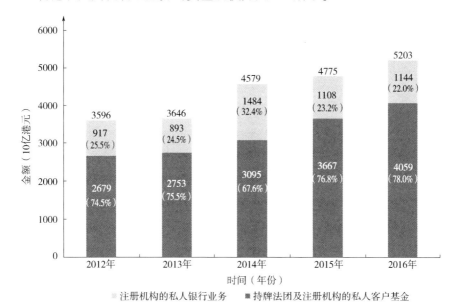

图6-1　2012—2016年香港私人财富管理业务的资金规模及比例

注：该图数据来源于香港证监会。

1.2　个人理财业务

香港个人理财业务的发展主要在20世纪90年代之后，在此之前，主要是由银行为香港居民提供传统的存贷款基本服务，服务品种较为单一。第一家推出个人理财业务的银行是花旗银行。当时，亚洲对外资银行的进入均有严格限制，花旗银行为了填补在香港分支网络上的不足，采取了新策略，即为资产超过10万美元的顾客专门设计特别的贵宾财富管理通道，并取得了成功，揭开了香港银行业个人理财业务的序幕。

20世纪90年代以后，银行间竞争的加剧和金融风暴的震荡使银行越来越意识到非利息收入的资金管理、收费金融产品及个人财富管理等业务无需动用银行资本却利润丰厚，创新空间巨大，从而放弃竞争过度的公司业务，转向零售业务。从此，香港的个人理财业务得到飞速发展。

1997年以前，香港的普通居民只关心手上的股票和房产每年可升值多少，特别是1997年北京控股在香港上市时，股市气氛被炒作到高潮。同时，当时香港的银行受利率协议捆绑，存款利率在大小银行间没有差异，银行对开发创新型金融产品的意愿也较低，所以很多居民投身在炒股、炒外汇、炒金和炒房子的"四炒生涯"上，理财行业在当时基本没有市场。不过，自1996年开始，香港市场发生的几件大事为理财行业的发展播下了种子。伴随着香港经济的高速发展，香港居民受教育程度的提高、个人收入的增长和财富增值意识的增强，促使他们对银行服务提出了新的要求，希望银行在提供传统服务的基础上提供更多的投资类产品及相关咨询服务。

香港银行业于2000年7月分阶段完成利率市场化。为了避免价格竞争，银行开始在产品开发、服务改善、网点重整、品牌建立等非价格方面发力，客观上推动了理财市场的发展。香港的银行开始通过注重细分客户来制造差异化。例如，针对存款额在25万港元以上的准VIP客户，银行会提供较优惠的利率和服务；对存款额达到75万港元及以上的VIP客户，会另外提供协定利息和财富管理安排；对于普通客户，采取提供产品套餐等方式满足不同群体的需要。

2000年12月私人管理的强制性公积金（社会保险）的推出，也是香港理财市场发展的一大动因。依照相关法规，香港的各公司必须为员工提供供款基金。由于其独特的由私人管理的界定供款制度和香港特区政府对投资风险不保底的性质，客观上提升了普通居民的理财意识。与此同时，大量的供款基金资金也养活并培育了一大批理财公司。

1.3 第三方财富机构

2017年，香港亿万富翁的人数从2016年的72人增至93人，同比增长了29.17%，仅次于纽约。与此同时，香港的高净值人士人数也增加了14.86%，从2016年的14.8万人增至2017年的17万人。离岸客户是其构成的一个重要部分，亚太地区（不包括日本）的高净值人士数量较2016年同期增加约11%，从180万人增至200万人。毕马威发布的《2018年香港私人财富管理行业报告》显示，香港的私人财富管理规模（AUM）在2012—2017年这5年间翻了一倍。

另据毕马威分析，截至2017年，已经有160万高净值人士能够在3小时或更短的时间内飞抵香港（图6-2）。2016—2017年，全球30%的财富创造来自亚洲。这其中，中国内地的发展尤其引人注目，平均每天会产生306位百万富翁，每3天就会产生1位新的亿万富翁。

家族理财办公室在最近几年变得越来越流行和复杂，尤其是在亚洲。家族理财办公室可以采取独资或更成熟的投资控股公司形式，通过设立家族信托或者离岸SPV来掌控投资控股公司和经营公司，这在香港也越来越

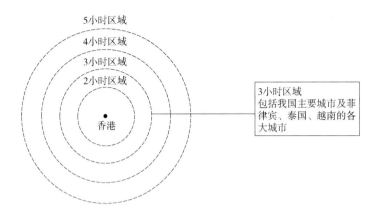

图6-2 亚太地区高净值人士与香港的距离（以飞行时间计）

流行。与世界上其他金融中心相比，香港还有许多法规需要完善。例如，香港的信托实际上是以受托人而非受益人的身份单独纳税的，竞争优势不足。越来越多的保险机构也开始和理财办公室合作，或者干脆自己成立独立办公室，通过保单规划来实现医疗保障、资产隔离和低成本杠杆融资的目的。

由于香港特区政府对财富管理行业的宣传和业务推动有限，2013年，一些本地持牌机构（均为专门从事私人财富管理业务，为客户提供个性化的银行及投资组合管理的机构）自愿成立了私人财富管理公会（Private Wealth Management Association，PWMA），并注册为担保有限公司，旨在促进香港私人财富管理行业发展，积极鼓励私人财富客户来香港投资，进一步推进香港成为财富管理中心。

私人财富管理公会的主要贡献有两个方面。一方面，参与搭建培训体系，设计专业课程和配套考试——专业能力架构（Enhanced Competency Frameworks，ECF）。整个架构是由金管局率领专业小组共同完成的，专业小组成员包括私人财富管理公会、香港银行学会、香港证券及投资学会、以及财资市场公会的代表。公会会员机构的相关从业人员通过考试和工作经验认证后,可以获得由公会授予的"注册私人财富管理师"(Certified Private Wealth Professional,CPWP)称号,以证明自己的专业能力。对于客户来说,这也确保了这些从业人员在技术、诚信及职业操守层面的可靠度。另一方面,公会作为一个沟通平台,可满足会员机构之间就财富管理行业的发展趋势、问题和挑战进行讨论和交换意见的需求,并为他们提供向政府监管部门和行业组织进行意见反馈和沟通的渠道,更好地推动和鼓励香港私人财富管理行业的发展,提升香港作为亚太区域内私人财富管理枢纽的重要地位,维持香港的核心竞争力。

1.4 资产管理业

香港财富管理行业的发展很大程度是以资产管理业务的蓬勃发展为基础的。截至 2016 年 12 月 31 日,香港基金管理业务合计资产自 2008 年以年均上升 5.2% 的水平达到 182 930 亿港元,如图 6-3 所示。证监会持牌法团及银行进行的资产管理业务在 2016 年增长 4.6% 至 128 240 亿港元,此增幅是净资金流入和年底前市场表现理想的结果。

境外投资者持续成为香港基金管理业务的主要资金来源,占相关业务的 66.3%;私人银行及私人财富管理业务所管理的资产总值达 52 030 亿港元,其中 52% 投资于内地及香港;证监会认可的在香港注册成立的基金数目同比 2015 年上升 12% 至 735 只,这些基金的资产净值由 2015 年同期的 1180 亿美元上升约 11.9% 至 1320 亿美元。

香港的基金类型丰富多样(图 6-4),能够满足不同投资主体的诉求。

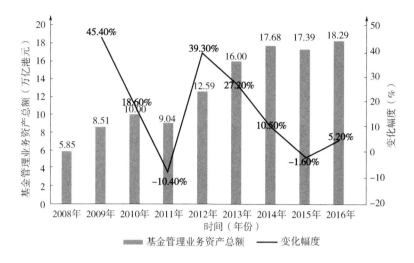

图 6-3　香港基金管理业务资产情况

注：该图数据来源于香港证监会。

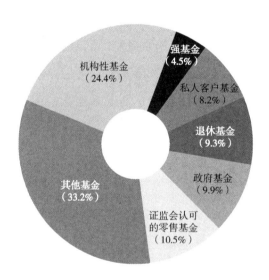

图 6-4　香港资产管理及基金顾问业务类型（按基金类别划分）（2016 年）

注：该图数据来源于香港证监会。

资产管理业务是香港基金管理业务合计资产的主要部分，在香港管理的资产超过其所管资产的一半。发展成熟的投资平台及股票市场交易互联互通等新措施，吸引国际及我国内地资产管理公司在香港开展资产管理业务。

2016年，获发牌提供资产管理服务（第九类受规管活动）的持牌法团数量，由2015年的1135家增加14.5%至1300家；获发牌提供资产管理服务的个人数量，也从2015年的8572人上升11.3%至9543人。截至2017年3月底，获发牌提供资产管理服务的法团及个人数量分别进一步上升至1348家和9746人。

另外，基于毗邻内地的优势，香港作为领先的人民币离岸中心，可以发展并扩大离岸人民币产品的范围，以应对不断增长的投资需求。全球范围内非在香港销售的离岸人民币产品中，越来越多的产品在香港管理，香港逐渐发展成国际基金经理优选的基金注册地。

统计数据显示，大部分在香港管理的资产持续保持大比例投资于亚洲。在2012—2016年的5年间，这一比例超过70%，奠定了香港作为亚洲金融中心的地位。

相应地，香港金融从业人员数量也呈逐年递增趋势（图6-5），人员构成更多为投资专业人士而非销售业务员，体现了香港投资环境对专业人士的吸引力。

随着香港金融业的日渐成熟，其作为海外投资者进入我国内地市场的平台和内地投资者投资亚洲以外市场的跳板作用愈加明显，以香港为基地的管理公司不断扩大其在全球的资产配置规模。2015年7月，在香港注册的基金可以向内地投资者直接销售，内地符合条件的基金也可销售给进入香港市场的国际投资者。两地基金互认为香港财富管理行业的发展提供了

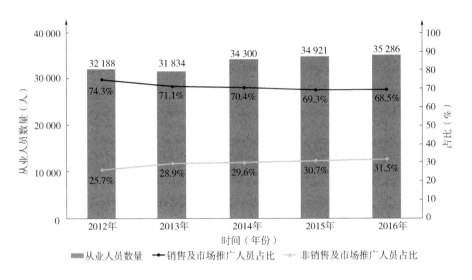

图 6-5 基金管理业从业人员情况

更加多样化的金融产品,将促进两地市场共赢,对两地资本市场的发展起到重要作用。

二、香港金融监管框架及其发展沿革

2.1 金融监管框架及其在风险事件中出现的问题

香港是目前世界上少数实行混业经营、分业监管的地区,既涉及经营层面,又涉及监管层面,这与香港经济、金融发展的特殊性是分不开的。

香港的金融监管架构(图6-6)具体由金管局、证券及期货事务监察委员会、保险业监管局及强制性公积金计划管理局四大监管机构及相应的行业自律协会构成,分别负责监管银行业、证券和期货业、保险业,以及退休计划业务。其中,金管局由外汇基金管理局与银行业监理处合并而成(1993年),是香港特区政府架构中负责维持货币及银行体系稳定的机构,直接向财政司司长汇报;香港保监局与香港证券及期货事务监察委员会一样,都是独立于香港特区政府运作的法定机构,经费主要来自征收费用。

从金融服务业发展的现状来看,香港实行的是混业经营的"金融超市"的做法。就金融混业经营的含义而言,混业经营从狭义上来说是指银行机构与证券机构可以进入对方领域进行业务交叉经营;从广义上来说则是指银行、保险、证券、信托机构、期货公司等金融机构都可以进入上述任何一个业务领域甚至非金融领域进行业务的多元化经营。在混业经营的模式下,香港银行业除提供传统的信贷等基本银行服务之外,还可以同时

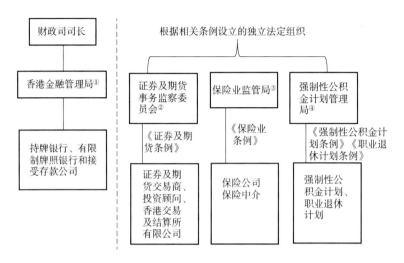

图 6-6 香港金融监管框架图

①香港金融管理局（Hong Kong Monetary Authority，HKMA，简称"金管局"）是中华人民共和国香港特别行政区政府辖下的独立部门，成立于 1993 年 4 月 1 日，主要负责香港的金融政策及银行、货币管理，担当类似中央银行的角色，直接向财政司司长汇报；②香港证券及期货事务监察委员会（简称"香港证监会"）于 1989 年成立，是独立于香港特区政府公务员架构外的法定组织，负责监管香港的证券期货市场的运作；③保险业监管局（简称"保监局"）：2017 年 6 月 26 日起，香港保险业监管局正式取代原"香港保险业监理处"来进行保险行业的监督管理；④强制性公积金计划管理局（简称"积金局"）：肩负监管核准受托人的主要职责，并与其它金融规管机构一同监督强积金产品和中介人。此外，积金局作为职业退休计划注册处处长，有责任监督退休计划的运作。

注：资料来源于金管局、证监会、保监局、公积金管理局网站。

提供证券、保险、外汇、信托等理财服务，以满足客户对投资和财富管理多样化与便利化的需求。

这种混业经营表现为各监管机构相互认可对方设立的专业资格考试，如保险代理人资格和证券及期货从业员资格都向银行、券商和资产管理机构从业人员开放，只要通过相应的考试即可取得对应的执业牌照。香港《证券及期货条例》下的单一发牌制度有 10 种类别的受规管活动。每位持牌人或注册人只需要根据单一牌照或注册，便可从事不同类别的受规管活动。该 10 种类别的受规管活动见表 6-1。

表 6-1 10 种类别的受规管活动

类别	受规管活动
1	证券交易
2	期货合约交易
3	杠杆式外汇交易
4	就证券提供意见（证券咨询）
5	就期货合约提供意见（期货咨询）
6	就机构融资提供意见（融资咨询）
7	提供自动化交易服务
8	提供证券保证金融资
9	提供资产管理
10	提供信贷评级服务

注：资料来源于《证券及期货从业人员资格考试手册》。

混业经营模式一方面促使香港市场上各种理财业务产品丰富多样化；另一方面，其较少的监管干预也暴露出不少问题。

以商业银行为例，不同于经营上的混业发展思路，香港银行业的监管始终严格遵循分业监管的模式。

在香港，基于《银行业条例》的法律监管基础，分别由金管局、证监会和保监局监管相应的金融业务，银行若有意经营证券及保险业务，必须经证监会、保监局发牌或注册，并遵守相关监管部门规定；银行公会、银行业务咨询委员会、接受存款公司咨询委员会也协理部分监督和规范职能。

在 2008 年国际金融危机发生之前，香港的金融监管遵循的是以"风险为本"的审慎监管模式，对银行业的监管重点主要集中于资产负债表的风险管理，以及审慎监管政策和法规的修订和完善。这样的"一业两管"造成了权力真空问题。

所谓"一业两管"，即在香港当前的监管结构下，金管局负责监管银行经营，但银行销售的投资理财产品却不在金管局监管范围内。与此同时，证监会虽然负责审批产品销售文件及市场推介资料的准确性，但是在相关投资产品推出市面后，银行方面的销售人员是否严格按照规定执行、是否将产品销售给相应可以承担风险的客户，证监会却无法有力监督。在这样的背景下，香港理财市场上存在个别私人银行通过钻监管漏洞、采取不当销售行为将高风险衍生品卖给非专业个人投资者的不良行为。而这种情况导致的后果，在2008年国际金融危机后的雷曼迷你债券（Minibond）事件中展现得淋漓尽致，使香港金融市场发展遭受重创。

2.2 雷曼迷你债券事件对行业监管的影响

雷曼迷你债券是指由在开曼群岛注册的太平洋国际金融公司为发行人、以雷曼兄弟亚洲投资有限公司为安排人、以雷曼兄弟特殊金融公司为掉期交易对手、以雷曼兄弟控股公司为掉期交易担保人，面向零售投资者发行的一系列信贷挂钩票据的总称。

按字面意思理解，迷你债券即微型或小面额债券，本质上是一种以定息和债券包装的高风险结构性债务工具——信贷挂钩票据。其他售予零售投资者并因雷曼兄弟控股公司倒闭而受影响的结构性票据一般也被称为迷你债券。

迷你债券将来自投资者的款项买入抵押品，并通过若干掉期财务安排，使该产品的潜在整体回报提升至高于传统银行存款的回报水平。由于香港银行同业间激烈竞争下的利润导向，银行销售人员向香港普通投资者大肆游说推介。出于对银行等销售机构的高度信任，香港民众认购了相当数额的迷你债券。香港证监会的公开数据显示，截至 2008 年 9 月 30 日，在香港市场发售的雷曼迷你债券产品金额约为 156.43 亿港元，约占香港市场所有未到期的非上市零售结构性产品总金额（约 831.7 亿港元）的 18.8%，涉及的投资者超过 4 万人，产品分销商涉及 3 家证券公司和 21 家银行。

2008 年 9 月 15 日，雷曼迷你债券掉期交易担保人雷曼兄弟控股公司根据《美国破产法》申请破产保护。其后，包括雷曼兄弟亚洲投资有限公司在内的 8 家子公司被清盘。雷曼兄弟控股公司倒闭后，相关公司不得不通过变卖债务抵押证券来平仓以终止合约，用以偿还投资者的投资。不过，金融危机使迷你债价值严重缩水，众多投资者面临巨额损失风险。部分雷曼迷你债券投资者认为，销售这一产品的银行存在误导投资者的行为，要求银行退回本金。

香港是雷曼迷你债券发行量最大、涉及面最广的地区，后续市场影响相当深远。截至 2008 年 12 月 24 日，金管局共收到 19 699 宗涉及银行销售雷曼兄弟相关投资产品的投诉，并完成了对其中 18 282 宗投诉的初步评估，对 4584 宗投诉进行了立案调查。在以后的几年间，金管局及证监会陆续与销售雷曼迷你债券的相关机构达成协议，分销机构向符合条件的客户提出回购雷曼迷你债券。在回购和解机制下，截至 2012 年 6 月 7 日，有 3.5 万名被界定为非专业投资者的个人投资者取回 88.8 亿港元，大部分散户投资者取回的款项总额相当于最初投资额的 85%~95%。但雷曼迷你债券事件的后遗症仍未完全消退，相关衍生交易锐减。据瑞信（Credit Suisse)估计,香港股票衍生品规模从 2007 年的 3500 亿美元一路下跌至 2011 年 5 月的 280 亿美元。此外,相关涉事银行被处以严厉惩罚。例如,汇丰私人银行(瑞士)于 2003—2008 年销售其结构性产品时涉嫌销售失当,被香港证监会罚款 6.05 亿港元,并吊销汇丰私人银行(瑞士)的"4 号牌",成为香港证监会历史上开出的最大罚单。

在雷曼迷你债券事件发生后的 8 天内,香港证监会向市场发布了 9 篇新闻稿,金管局也通过新闻稿的形式积极回应投资者关注的事项。与此同时,金管局和证监会均开通了投资者投诉电话,并在网站设置雷曼迷你债券事件专栏,用于通报在香港销售的相关投资产品的最新情况。2008 年 9 月 20 日,香港证监会还与雷曼迷你债券的持有人进行了会面,积极了解投资者的诉求。香港特区政府财经事务及库务局局长与财政司司长则通过新闻公报、传媒谈话及立法会动议辩论的形式向投资者做出了回应。在这一过程中,得益于完善的应急预案及金融稳定机制,香港避免了刚性兑付危机可能带来的金融市场动荡。

雷曼迷你债券事件发生后,为进一步防范系统性风险,金管局在遵循并强化以"风险为本"的审慎监管思路的同时,在理财业务的监管方面更加突出了对银行操守行为的监管及对消费者的保护,并强调完善应急处置机制和发挥自律组织的作用。

在理财业务监管层面上,金管局强化的重点是行为而不是产品本身。在香港现行的监管框架下,迷你债券系列产品属银行正常理财产品范畴,产品的风险和收益只能靠投资者的"买者自警"原则进行判断。雷曼迷你债券事件之所以在香港引起轩然大波,其根源在于相关金融机构在销售这一产品时存在误导投资者的行为,包括涉嫌向部分投资者做出失实的销售描述,或向不能承担高风险的投资者进行了销售。银行的不当销售行为让投资者认为这是一款收益较高的存款替代产品，而没有注意到其本质属于一种高风险的结构性债务工具，最后造成难以接受的亏损事实。

该事件的发生也从某个角度表明，金管局的监管工作并未全面奏效，未能监察到违规销售等现象的存在。金管局的其中一项法定职能是推动银行采纳适当的操守准则及稳健审慎的经营手法。为了能更专注地处理该范围的工作，金管局于 2011 年 4 月对部门组织架构进行了重组和职能调整，设立了银行操守部与法规部。银行操守部重点检查银行内部的制度和流程，评估相关人员在销售过程中是否符合行为规范，法规部的主要职责跟进和调查银行不良销售和其他不当操守事宜。金管局还聘请了第三方调查机构，调查一线销售人员是否有不良信息。若操守部认为需要采取惩处手段，就移交给法规部执行。

从 2009 年 1 月起，金管局将评估银行是否符合"公平待客"的要求纳入日常监管，以推动银行以公平的方式对待客户。金管局参考了本地与海外良好的银行经营手法及二十国集团《保障金融消费者的高层次原则》，会同业界制订了《公平待客约章》，并为零售消费者订立了 5 项高层次原则。香港零售银行已于 2013 年 10 月 28 日全部签署了《公平待客约章》，承诺支持及落实约章所载的公平待客原则。

金管局还进一步要求银行遵守由行业公会发布并获金管局认可的《银行营运守则》（以下简称"守则"）及金管局不定期发出的通告和指引，同时要求银行指派独立内部部门就其遵守守则的情况定期进行自我评估，并向金管局汇报评估结果。金管局会对银行进行现场审查，以监察其对守则的遵守情况，还会不时乔装客户检查其计划执行情况，以评估银行行为。守则经修订后于 2015 年 2 月 6 日生效，为银行服务消费者提供了更好的保障。

2.3　监管部门在风险事件发生后的选择

雷曼迷你债券事件以后，在系统性风险的防范方面，香港通过法律手段确保最新的国际监管标准得以顺利实施，使其"风险为本"的审慎监管模式得到进一步深化。在银行资产负债表风险管理方面，依照巴塞尔委员会的时间表及过渡安排，金管局将逐步向银行业全面推行《巴塞尔协议Ⅲ》，即自2013年1月1日起开始在香港分阶段实施，并计划于2019年1月1日前实现全面实施。虽然整体实施的进度比预期缓慢，但随着新监管标准的逐步推行，香港银行业的资本充足率得到稳固和提升，接受流动性覆盖率（LCR）和净稳定资金率（NSFR）达标、建立稳健风险文化等更为严格的监管标准和更高的风险管理要求。在监管压力日益增大的同时，商业银行风险管控水平将得到进一步提升，从而为理财业务的进一步发展奠定良好的基础。

为进一步强调行为监管，香港调整了监管架构和职能，奉行"披露为本"（disclosure-based）的监管原则，营造公平、适宜的环境，突出消费者保护，完善应急处置机制，加强部门协同行动。同时，成立私人财富管理公会，发挥行业自律作用。

当市场上的某类金融产品出现问题并产生负面后果时，"禁止销售该类产品"的确是一种选择。然而，香港的监管部门认为，金融市场要蓬勃、稳健地发展，必须为投资者提供类型广泛、涉及不同风险的产品，如果采用禁售的做法，实际上剥夺了部分投资者的合理投资机会。同时，随着金融服务的不断创新，新产品层出不穷，新产品是否适合普通投资者，是否应该被禁售，要做出界定也存在困难。

同时，香港居民是在自由的金融环境中成长起来的，理财意识较为成熟，风险意识较高，会较为谨慎地选择理财产品，这为香港实行较为宽松的产品审批监管方式提供了条件。然而，即便如此，充分的信息披露仍是不可或缺的。

经过权衡，香港金融监管部门倾向维持现有的"披露为本"制度。

"披露为本"的监管原则主要表现在两个方面一方面，金管局或香港证监会均不直接禁止银行销售特定的投资产品，以保持市场充分开放、自由。因此，目前，香港理财市场上推出的业务产品相对比较丰富，其中包括基金、保险、股票、外汇、投资存款、结构性投资产品和理财账户等。另一方面，要求银行在销售产品时进行充分的信息披露和风险提示，为实现"卖者有责，买者自负"创造良好的市场条件。这种"披露为本"的做法也适用于证券及期货机构或第三方理财机构。该做法与国际标准相符，并让市场可继续为投资者提供广泛的投资选择。

"披露为本"的原则通过规定产品销售机构必须披露有关产品的性质和风险，以及由被监管的中介机构评估有关产品是否适合特定投资者，让投资者可以做出有根据的决定及能为自己所做决定负责，以实现"为投资者提供合理制度保障"的政策目标。

金管局强调，银行作为业务范围最广的金融机构，在推荐产品时应做到以下三点：

（1）清楚列明和解释产品的主要特点和风险，以及各种费用、佣金或其他支出。

（2）对客户的财政能力、投资经验、风险偏好进行评估，以切实把握客户的风险承受力。

（3）考虑客户的实际需要并评估有关金融产品是否适合客户。

同时，守则（前文提到的《银行营运守则》）也旨在提高银行服务的透明度，让客户更清楚地了解银行所提供的服务。根据该守则，银行应备有服务的书面章则及条款以供客户查阅。其中，应包括客户使用该服务的费用、罚则及有关的利率，以及客户使用该服务而须承担的责任和义务。所有宣传资料亦应公正、合理，不得含误导成分。

其中，在零售业务的监管方面：

（1）审核金融机构是否进行客户特性分析，评估理财产品是否适合客户等。

（2）关于风险隔离及合规性的规定，要求采取适当的分隔措施将不同类业务从位置、人员、标识等方面进行区分。例如，分隔一般银行业务和投资业务的工作区域；客户风险状况评估应独立于销售程序，由与销售无关的职员进行，并强制规定为评估程序录音；由金管局（以及注册机构本身）定期进行暗访检查。

此外，金管局、香港证监会建议就某些投资产品，包括非上市的结构性投资产品，设立"冷静期"，类似保险业给予客户的"犹豫期"权利，以减少出现高压式销售手法的可能性，使客户有充分的时间反思其投资决定。

而在私人银行监管上，金管局则要求采用"投资组合为本"的方法评估银行对客户所做出的投资建议是否合适。该"投资组合为本"的评估方法相对于评估每一项交易的做法更加灵活、简化，更加符合私人银行客户的需要。

2.4 金融消费者保护机制的建立

雷曼迷你债券事件使香港监管部门意识到：在金融消费者保护方面，应急处置机制的作用不可或缺。通过加强协同行动，达到既保护投资者的利益，也能科学、合理地判定买卖双方责任的目的，以防范刚性兑付打破时出现市场恐慌。雷曼迷你债券事件爆发后，香港监管部门迅速采取了一系列应急措施：一是及时受理并启动事件调查程序，与相关部门保持紧密的信息沟通与协调；二是对雷曼兄弟在港经营机构采取限制措施，要求迷你债券的安排人雷曼兄弟亚洲投资有限公司及受托人汇丰银行及时进行信息披露与回应，认真履行受托责任；三是积极了解投资者的诉求，并主动回应媒体与社会关注，及时向社会公众发布事件最新进展等。这些工作都发挥了积极的作用。

经过雷曼迷你债券事件后，在已有香港银行公会等行业组织的基础上，2013年9月，在金管局的推动下，促成了香港私人财富管理公会的成立。在金管局的指引下，该行业组织制定了有关私人财富管理行业道德及业务操守的一般原则和预期，以期通过行业自律推动香港私人财富管理的发展，并协助提升从业人员的专业能力和职业操守。

2009年，香港证监会公布了《建议加强投资者保障措施的咨询文件》，其中就消费者申诉制度做了详细的制度安排。在制定保障投资者的措施时，金管局会参考国际最新情况，并与银行业界保持紧密沟通，咨询及考虑业界的意见，力求在保障银行客户和促进行业发展之间取得适当的平衡。金管局还持续开展消费者教育推广计划，通过平面媒体、互联网、电视宣传及户外广告等不同渠道加强对银行消费者的宣传教育工作，旨在鼓励市民精明及负责任地使用银行服务。

综上所述,在雷曼迷你债券事件以后,香港监管部门从行为监管、加强披露等方面强化了对理财业务的监管。不过,其核心的监管思路仍是确保在尽可能少的监管干涉的情况下,努力使市场开放、公平且有效,继续推动理财行业转型发展,继续深挖大资管的潜力。由于资产管理业务具有稳定性、抗周期性、节约资本等优势,可利用香港资产管理的良好基础,探索发挥集团国际化布局与境外资管平台的优势,构建全球联动的资管产品与营销体系,不断探索跨境业务新模式,加快提升全球资产配置能力和服务能力。

同时,积极拓展各类理财产品,加快资金中介机构向综合化经营管理转型。随着时间的推移,金融危机对市场带来的创伤逐渐平复,各金融机构也一直在尝试重新推出各种理财产品。例如,危机前流行的与收益挂钩的结构性产品再度回归,市场投资者的风险偏好也开始上升。与此同时,香港市场对人民币理财的需求极大地推动了人民币理财产品的发展。随着香港人民币存款的不断增长,市场对人民币理财产品的需求也逐步增加。在这种情况下,香港银行业在不断丰富各类理财产品的同时,也在积极拓展、推动投资银行业务发展,大力推广、做强"沪港通"等证券及经纪业务、债券承销等债券资本市场业务,深入发展包括 RQFII、QFII、QFLP 等在内的资产管理业务,并不断做大做强综合业务。

三、香港理财从业人员职业生态现状

香港作为亚洲金融中心,素来(金融)人才济济。截至 2017 年年底,香港有 4000 多名特许金融分析师(CFA)。香港财经分析师学会更是特许金融分析师协会旗下亚洲第一大和全球第四大学会。

香港对理财从业人员有着明确的资格要求。例如,金管局规定,只有通过监管部门相关资格考试的人员,才能从事相关理财业务活动。这也是行为监管的一种体现。

而国际金融理财标准委员会(Financial Planning Standards Board, FPSB)在 2018 年年初公布的 2017 年全球 CFP 持证人的最新人数及增长情况显示(表 6-2):截至 2017 年年底,全球 CFP 持证总人数为 175 573 人,全年新增 5472 人,增长率约 3.1%。2017 年,香港 CFP 持证人数约 4505 人,占中国持证人数的 25.7%。香港有 4270 名注册财务策划师,即每 1 万人口中就有 6 名注册财务策划师,是全球最高的比例;香港会计师公会有超过 32 000 名成员,其中约 3800 人拥有执业证书。在资产管理业务方面,2015 年,香港基金管理业务合并资产达 10 万亿港元,同比增长 18.6%。2006—2016 年,基金管理业务合并资产的年均增长率亦超过 18%。

表 6-2 24 个国家 CFP 持证人数量

排名	地区	人数	排名	地区	人数
1	美国	80 035	13	德国	1508
2	日本	21 151	14	印度尼西亚	1504
3	中国	17 523	15	英国	933
4	加拿大	16 518	16	新加坡	846
5	澳大利亚	5702	17	爱尔兰	551
6	南非	4766	18	奥地利	334
7	韩国	3881	19	瑞士	311
8	荷兰	3759	20	新西兰	279
9	巴西	3409	21	泰国	249
10	马来西亚	2622	22	以色列	236
11	印度	2023	23	哥伦比亚	10
12	法国	1688	24	土耳其	—

注：1. 土耳其为正在准备开放 CFP 认证的地区，还没有具体的人数统计。
2. 资料来源于国际金融理财标准委员会（FPSB）官网发布的全球注册认证人员 2017 年年报。

3.1 理财师从业人员职业资格考试

由于香港采用混业经营模式，金融机构从业人员只要持有对应的岗位执照，均可上岗。除了投行人员普遍看重的几个具有较高含金量的牌照——特许金融分析师（CFA）、注册会计师（ACCA）等，一般理财业务人员的资格证包括：金融理财师（AFP）、理财规划师（CFP）、香港证券及期货从业员资格（HKSI）、保险中介人资格（IIQE）。本节重点介绍

IIQE 和 HKSI，这两种资格证考试都有中英文两种语种选择。IIQE 考试包含四门：保险中介人资格考试卷一、保险原理及实务、一般保险、长期保险。HKSI 考试则较为复杂（表6-3），机构和个人需要分别获得对应的牌照。关于机构牌照，前文已有提及，即10类特许业务。而从业人员的资格考试分为14门，其中卷一为必考项，其他科目可根据业务需求自选。如果是业务负责人（Responsible Officer，RO），则需要在卷一的基础上必考卷三。完成第一门考试后，有效期是3年，须报香港证监会进行能力审核。

表6-3 香港证券及期货从业员资格考试试卷分类

分类	试卷	考试内容
规例试卷	卷一	基本证券及期货规例
	卷二	证券规例
	卷三	衍生工具规例
	卷四	信贷评级服务规例
	卷五	机构融资规例
	卷六	资产管理规例
应用试卷	卷七	金融市场
	卷八	证券
	卷九	衍生工具
	卷十	信贷评级
	卷十一	机构融资
	卷十二	资产管理
保荐人试卷	卷十五	保荐人（主要人员）
	卷十六	保荐人（代表）

香港证券及投资学会的资格证书分为两种：香港证券及投资学会从业

员资格证书、香港证券及投资学会高级从业员资格证书,具体考试试卷构成见表6-4。

表6-4 香港证券及投资学会从业员和高级从业员资格考试试卷

分类	试卷	所获证书
香港证券及投资学会从业员资格证书	卷一 + 卷七 + 卷八	香港证券及投资学会从业员资格证书—证券
	卷一 + 卷七 + 卷九	香港证券及投资学会从业员资格证书—衍生工具
	卷一 + 卷七 + 卷十	香港证券及投资学会从业员资格证书—信贷评级服务
	卷一 + 卷七 + 卷十一	香港证券及投资学会从业员资格证书—机构融资
	卷一 + 卷七 + 卷十二	香港证券及投资学会从业员资格证书—资产管理
香港证券及投资学会高级从业员资格证书	卷一 + 卷二 + 卷七 + 卷八	香港证券及投资学会高级从业员资格证书—证券
	卷一 + 卷三 + 卷七 + 卷九	香港证券及投资学会高级从业员资格证书—衍生工具
	卷一 + 卷四 + 卷七 + 卷十	香港证券及投资学会高级从业员资格证书—信贷评级服务
	卷一 + 卷五 + 卷七 + 卷十一	香港证券及投资学会高级从业员资格证书—机构融资
	卷一 + 卷六 + 卷七 + 卷十二	香港证券及投资学会高级从业员资格证书—资产管理

HKSI 除了获得香港证监会和保监局认可外,在国际上也获得了部分认可,其中卷一可取代国际财富管理协会(Association of International Wealth Management,AIWM)承认的注册国际财富管理(Certified International Wealth Manager)的卷三及英国特许证券与投资协会(Chartered Institute for Securities & Investment,CISI)IOC 的规例考试。

另外,在《内地与香港关于建立更紧密经贸关系的安排》的框架下,确定了两地证券、期货及基金从业人员资格互认的模式。按照规定,内地持有证券、期货或基金从业资格的从业者,通过 HKSI 的卷一、卷二、卷六和卷十六,并符合香港证监会所列的发牌条件,即可申请相关牌照。通过上述考试并持有内地一般执业资格,将被视作符合香港的行业资格。

从业人员除了需要通过资格考试获得相关的业务许可证，一些资格证还对从业人员提出了继续教育的要求。例如，CFP系列持证人在有效期内必须完成至少30学时的继续教育，其中必修课不低于4学时。持证人在每个证书报告期内，需进行继续教育学习。未达到继续教育学时要求的持证人，则无法进行再认证。证书失效需恢复证书效力的持证人，同样须完成以上继续教育学时要求后，向标委会提交证书有效性的申请。

3.2 理财师收入及职业发展

作为亚洲金融中心，香港不仅拥有繁荣的经济，更有与国际接轨的教育资源和世界一流的师资力量。近年来，赴香港求学的学生数量逐年增加，这其中选择商科和计量学的学生占比较高。2018年1—5月，香港的全职职位空缺为34 369个，较2017年同期增加15%。职业空缺最多的三个行业是信息技术、银行/金融、服务/零售，均为香港经济的支柱型行业，其中零售业职位需求比2017年提升近1倍。应届毕业生的平均起薪约为1.5万港元/月，相比2017年同期起薪1.46万港元/月增长了近3%。2018年，金融、保险及商用服务业失业率较2017年降低0.6%，为2.1%。

金融业作为香港的支柱行业之一，从业人员的收入水平比平均收入高20%以上。服务/零售业是香港的重要行业，月薪为1.5万~20万港元，平均为5.8万港元。而根据jobsDB 2018年开展的香港薪酬调查得到的数据，银行业的平均月工资为7.7万港元，证券行业平均月工资为8.8万港元，资深理财师的年收入则高达百万港元。

四、香港理财业务监管的经验与启示

香港理财业务的发展，有过辉煌，也有过曲折。正因如此，香港理财业务的监管经验更值得借鉴。总的来说，要促进理财业务的健康有序发展，从优化行为监管框架的角度看，需要清晰划分买卖双方的责任和权利，做到"卖者有责，买者自负"。归纳起来，主要有以下几个方面：

（1）建立金融服务提供商的行为评估机制，加强行为监管。根据雷曼迷你债券事件的赔偿方案，零售投资者可获得最初投资额85%以上的款项，由银行承担了绝大部分投资者因雷曼清盘的损失。这一处理体现了香港监管部门"卖者有责"的监管思路，对内地理财业务监管具有重要启示作用。随着理财业务的快速发展，内地银行的不当销售行为时有发生，不时曝出的银行理财产品巨亏事件为我们敲响了警钟。尽快出台商业银行理财行为规范守则，加强对商业银行理财行为的评估和规范，从机制上防止不当销售，成为当务之急。

（2）以客为本，保障投资者利益。雷曼迷你债券事件后，香港监管部门对普通零售业务客户及高净值私人银行客户提出了不同的监管要求，以期最大程度地满足保护投资者利益的需要。这体现出香港监管部门在监管思路上，鼓励金融服务提供机构建立"以客为本"的文化，以保障投资者的利益。内地理财市场的发展历程尚短，服务还有许多不到位之处，十分有必要学习"以客为本"的监管理念。

(3)健全应急处理机制,快速应对突发事件。雷曼迷你债券事件爆发后,香港监管部门的应急处理非常迅速,使香港免于刚性兑付危机可能带来的金融市场动荡。其中的一些危机处理原则与做法值得借鉴:一是将维护市场稳定和保护投资者利益放在首要地位;二是加强信息披露和与投资者的沟通;三是及时就投诉展开调查,增强市场对监管体系的信心。从该事件的处置进展看,监管部门采取行动的速度对突发事件的处理至关重要。面对当前内地网络信息传播迅速、社会煽动性强的特点,建立动态监测和应急管理机制,提高对突发事件的反应速度与处理能力尤为必要。

(4)强化监管部门的沟通协调机制,实施联动监管。在分业监管模式下,香港监管部门仍能及时沟通协调并联合行动,使雷曼迷你债券事件得以及时解决,值得内地学习和借鉴。目前,以理财产品、资管产品为代表的交叉型金融产品发展迅猛,涉众广泛、监管边界模糊、风险特征复杂,使得金融风险跨行业、跨市场、跨机构传染的概率大大增加。内地理财市场的监管部门涉及中国人民银行、证监会和银保监会及地方政府等,产品发行审批和监管各自独立,且销售渠道高度依赖银行。为防止出现监管真空地带,避免理财市场突发事件发生时令出多门、相互掣肘的现象,有必要完善联动监管机制,增强各监管部门的沟通协调,形成监管合力。

(5)监管应注重提高透明度。任何消费者,在众多理财产品之间做出最好选择的能力都依赖于明确和良好的信息披露。金融机构在销售产品的过程中须确保高度透明,对相关理财产品的性质与风险进行充分披露,确保客户了解产品的风险与收益特征,并拥有足够的能力承担买卖该产品所带来的风险和潜在亏损。这一点同样有助于监管部门保护消费者权益。在鼓励理财产品创新、满足不同类型消费者需求的同时,尤其要关注信息披露的充分性和有效性。

（6）监管应注重消费者教育及保护。理财产品，尤其是金融衍生产品，本身是否存在问题，监管部门很难做出判断。如果金融机构在销售理财产品的过程中夸大投资收益、忽略风险，会对消费者产生诱导作用。因此，加强对消费者的风险教育，向消费者提供全面的咨询服务，显得格外重要。一方面，销售人员在推介金融产品特别是复杂产品时，应当充分披露该产品的潜在风险，确保投资者在购买前已了解产品特性；另一方面，销售人员应该引导投资者分散投资，规避系统性风险。这样一来，即使某一项投资遭遇损失，投资者的财产也不至于受到巨大冲击。

纵观理财市场的变化和行业运行及监管模式不难发现，不管是从 2007 年外资银行进入我国内地开始普及理财观念，还是后来的分业监管、混业经营的大资管模式，近十几年来内地金融业的蓬勃发展和丰富的金融创新模式，都与香港或者说与全球其他金融发达地区的历史有相似的轨迹。快速发展带来的一系列问题也同样发生，如相比香港监管机构对从业人员持证执业的要求和审查力度，内地的监管环境仍存在大量的真空区域。面对内地居民日益增长的理财需求，并没有足够数量的专业化团队为之服务，间接导致一些未经许可、未获资质的从业人员进入该行业。而随着 2017 年和 2018 年陆续出现的金融诈骗平台跑路、理财产品违约事件，内地监管部门也逐渐意识到除资产端的监督管理之外，从业人员的自律及执业资格也是十分重要的，同时也开始处罚某些违法行为，对从业人员形成震慑和监督效果。

香港银行公会、私人财富管理公会的成立，为香港银行及理财业的监管提供了行业自律的补充，具有借鉴意义。展望未来，内地可以进一步学习香港理财行业的监管经验，通过加强行业自律完善监管。

本章作者简介

林莹琬女士：中理职联行业发展研究小组研究员，13 年金融机构从业经验，拥有加拿大阿尔伯塔大学（University of Alberta，Canada）金融管理学硕士学位、英国贝尔法斯特女王大学（Queen's University of Belfast，UK）金融学学士学位，并获得国际金融理财师 AFP/CFP 认证证书。现任广发证券私人银行部深圳财富中心区域总监，历任中建投信托股份有限公司深圳财富中心总经理、鹏华资产管理（深圳）有限公司财富管理部执行总经理、平安信托有限责任公司私人财富管理部客户关系发展部客户沟通团队总监、花旗银行深圳深业支行大客户服务经理等职。在职业发展过程中，不仅积累了丰富的一线营销、渠道开发、销售管理及培训、客服体系规划搭建等全流程经验，而且熟悉银行、信托、资管、私募行业内各类产品，拥有极强的学习力和领悟力，对宏观政策、市场趋势和业务等具有深刻的洞察力和判断力，并善于统筹规划和销售团队的经营。

参 考 文 献

[1] 中国网. 第二十四期"全球金融中心指数"发布[EB/OL]. (2018-09-13)[2019-03-07]. http://www.china.com.cn/opinion/think/2018-09/13/content_63402499.htm.

[2] Credit Suisse, London Business School. Credit Suisse Global Investment Returns Yearbook 2018[R]. 2018.

[3] FCA. Asset management market study interim report[R]. 2016.

[4] Investment Management Association. Asset management in the UK 2017—2018[R]. 2018.

[5] Credit Suisse Research Institute. Global Wealth Report 2018 Credit Suisse[R]. 2018.

[6] 印兰. 论英国统合金融监管模式及其启示——以英国《2000 年金融服务与市场法》为中心[D]. 上海：复旦大学，2010.

[7] 中国证券投资基金业协会. 英国资产管理行业机构交流访问报告[R]. 2018.

[8] 国泰君安宏观花长春团队. 全球金融监管趋势：欧洲 MiFID Ⅱ[R]. 2018.

[9] ACCA 中国. 英国脱欧对金融服务业的影响：第二阶段[R]. 2018.

[10] BCG. 全球数字财富管理报告[R]. 2018.

[11] 英国驻华大使馆，浙江大学互联网金融研究院，剑桥大学替代金融研究中心. 促进金融监管创新指南——英国之洞见[R]. 2018.

[12] CULL M. The rise of the financial planning industry[J]. Australian Accounting Business and Finance Journal, 2009, 3(1)：26-37.

[13] ALCOCK A. Outlook for wealth management advice business in 2018 [EB/OL]. (2017-11-30) [2019-02-16]. https://www.adviservoice.com.au/2017/11/outlook-wealth-management-advice-business-2018/.

[14] Financial Conduct Authority. Asset Management Market Study interim report[R]. 2016.

[15] 孙天琦. 金融业行为监管与消费者保护研究[M]. 北京：中国金融出版社，2017.

[16] 清华大学金融科技研究院. 防范金融风险, 保护金融创新——英国监管沙盒调研与建议[R]. 2018.

[17] BRANDON E D Jr, WELCH H O, TUTTLE M W Jr. The history of financial planning: the transformation of financial services[M]. New Jersey: John Wiley & Sons, 2009.

[18] BRUCKENSTEIN J, VERES B. 2019 Software Survey[R]. 2019.

[19] KPMG International. The Pulse of FinTech 2018—Biannual Global Analysis of Investment in Fintech[R]. 2018.

[20] 澳大利亚理财规划协会. 澳大利亚金融体系中的竞争[R]. 2017.

[21] Nearly two million Australians use a financial planner or adviser-worth ＄703b[EB/OL]. (2018-07-16)[2019-03-02]. http://www.roymorgan.com/findings/7655-nearly-two-million-australians-use-a-financial-planner-or-advisor-worth-703b-201807160015.

[22] King Long Choi. Demand for advice from financial planners is at a record high: Investment Trends[EB/OL]. (2017-11-02)[2019-03-11]. https://www.adviservoice.com.au/2017/11/demand-advice-financial-planners-record-high-investment-trends/.

[23] Some Features of the Australian Financial Planning Industry. Royal Commission into Misconduct in the Banking, Superannuation and Financial Service Industry[R]. 2018.

[24] HOVEN M. Netwealth, adviserNETgain and Lonsec stand out as category winners although financial advisers highly dissatisfied with major incumbent technology vendors[EB/OL]. (2018-07-10)[2019-02-16]. https://www.medianet.com.au/releases/165361/.

[25] URIBE A. Rice Warner says 'FOFA needs a thorough review'[EB/OL]. (2018-07-16)[2019-03-02]. https://www.afr.com/business/banking-and-finance/financial-services/rice-warner-says-fofa-needs-a-thorough-review-20180426-h0z9hr.

[26] HAZELMAN B H. Is wealth coaching the new financialplanning? [N]. The Sydney Morning Herald, 2018-09-19.

［27］澳大利亚证券和投资委员会. 牌照管理：对金融服务提供者的行政行为（RG 98 Licensing：Administrative action against financial services providers）［Z］. 2018.

［28］澳大利亚证券和投资委员会. 牌照管理：满足一般义务指南（RG104：Licensing：Meeting the General Obligation）［Z］. 2015.

［29］澳大利亚证券和投资委员会. 牌照管理：服务机构胜任能力指南（RG 105 Licensing：Organizational competence）［Z］. 2016.

［30］澳大利亚证券和投资委员会. 投资管理：合规计划指南（RG 132 Managed investments：Compliance plans）［Z］. 2018.

［31］澳大利亚证券和投资委员会. 牌照管理：金融产品顾问的培训指南（RG 146 Licensing：Training of financial product advisers）［Z］. 2012.

［32］澳大利亚证券和投资委员会. 牌照管理：管理利益冲突指南（RG 181 Licensing：Managing conflicts of interest）［Z］. 2004.

［33］澳大利亚证券和投资委员会. 金融服务行业行为准则指南（RG 183 Approval of financial services sector codes of conduct）［Z］. 2013.

［34］澳大利亚证券和投资委员会. 牌照管理指南之金融产品建议（Regulatory Guide 175：Licensing：Financial products advisers—Conducts and disclosure）［Z］. 2017.

［35］澳大利亚联邦议会. 澳大利亚2001年公司法［A］. 2001.

［36］澳大利亚联邦议会. Corporations Act by the Corporations Amendment（Professional Standards of Financial Advisers）Act 2017［A］. 2017.

［37］瑞士联邦财政部. 瑞士金融中心2018年10月主要数据［R］. 2018.

［38］FX168财经集团. 一个领土不足5万平方公里，人口800万的瑞士，为什么拥有14家世界五百强企业？［EB/OL］.（2018-05-12）［2019-04-03］. http：//www.sohu.com/a/231357813_557006.

［39］李延磊. 瑞士银行6.8万亿美元的秘密即将揭晓，主人们慌了［EB/OL］.（2018-10-14）［2019-04-16］. http：//www.sohu.com/a/259458845_212351.

[40] FAVEZ J C. Nouvelle histoire da la suisse et des Suisses III[M]. Làusanne：Librairie Payot Lausanne，1983.

[41] 陈建. 瑞士银行保密制度走向终结[EB/OL]. (2013-10-17)[2019-04-16]. http：//views. ce. cn/view/ent/201310/17/t20131017_1631261. shtml.

[42] 张志前. 瑞士银行百年沉默[EB/OL].（2014-12-09）[2019-04-18］. http：//finance. stockstar. com/MG2015041700005320. shtml.

[43] Swiss Banker Association. Wealth management in a period of change[R]. 2015.

[44] 宋佳燕. 瞄准东方市场(行情，问诊)[EB/OL]. (2014-05-19)[2019-04-22]. http://bank. jrj. com. cn/2014/05/19064917235528-5. shtml.

[45] 毕马威. 2015 全球互联网金融报告[EB/OL].（2018-08-07）[2019-04-22]. https://max. book118. com/html/2018/0803/8125066143001116. shtm.

[46] 谢伏瞻. 金融监管与金融改革[M]. 北京：中国发展出版社，2002.

[47] 杨燕青. 中国金融风险与稳定报告(2016)：改革与风险的平衡[M]. 北京：中国金融出版社，2016.

[48] 陈威华. 瑞士：税收环境宽松 监管体系严格[J]. 中国税务，2003(11)：58-60.

[49] 范鹏辉. 瑞士产业发展模式的经验与借鉴[J]. 中国经贸导刊，2015(4)：49-51.

[50] 左家燕. 私人银行的特点和在华发展前景[J]. 财经界(学术版)，2010(16)：12-13，15.

[51] 孙清云. 私行：行于瑞士，思在本土[J]. 卓越理财，2010(12)：90-92.

[52] 王丽颖. 新加坡抢瑞士私人银行饭碗[N]. 国际金融报，2014-07-28(24).

[53] 李卫玲. 新加坡力保国际金融中心地位[J]. 金融信息参考，2014(11)：49.

[54] 陶杰. 新加坡金融中心的三大支撑[EB/OL]. (2012-04-16)[2019-04-30]. http：//paper. ce. cn/jjrb/html/2012-04/16/content_202634. htm.

[55] 中国新闻网. 香港金融从业员23万 对香港GDP贡献16%[EB/OL]. (2015-01-27)[2019-04-23]. http://finance. sina. com. cn/china/jrxw/20150127/105821407617. shtml.

［56］PWMA.2018年香港私人财富管理行业报告［R］.2018.

［57］瑞信研究院.2018年度世界财富报告［EB/OL］.（2018-12-29）［2019-04-24］.http：//www.199it.com/archives/814160.html.

［58］陈德霖.香港银行业的监管模式：两条腿走路［EB/OL］.（2014-07-21）［2019-04-26］.http：//opinion.caixin.com/2014-07-21/100803025.html.

［59］香港证券及投资协会.香港证券及期货从业员资格考试手册［EB/OL］.（2019-04-28）［2019-04-30］.https：//wenku.baidu.com/view/d2a0f895a9114431b90d6c85ec3a87c241288a6d.html.

［60］朱孟楠.香港金融市场运作与管理［M］.厦门：厦门大学出版社，2009.

［61］李晓波，王淼.香港地区银行理财业务监管改革与经验启示［J］.金融监管研究，2016（8）：96-107.

［62］陈庆生.从香港经验看内地理财业发展［J］.首席理财师，2006（1）：10-11.